용기를 내어 당신이 생각하는 대로 살아야 합니다.
그렇지 않으면 머지않아 당신은 사는 대로 생각하게 될 것입니다.
– 폴 부르제(프랑스의 시인, 철학자)

Il faut vivre comme on pense,
sans quoi l'on finira par penser comme on a vécu.
– Paul Bourget

친절한
DIY
교과서
NO. 024

퀼트로 옷을 짓는 시간

간단히 만들어 매일 입을 수 있는 옷

김윤경, 김홍주, 노영희 지음

터닝
포인트

간단히 만들어 매일 입을 수 있는 옷

퀼트로 옷을 짓는 시간

2015년 4월 1일 초판 1쇄 인쇄
2016년 6월 8일 초판 2쇄 발행

지은이 김윤경, 김홍주, 노영희
펴낸이 정상석

기획·편집 문희언
편집 디자인 앤미디어
표지 디자인 이여비
일러스트 홍수정
작품 사진 촬영 이성우(G1-studio)
스타일링 장주영
모델 박가영
재봉틀 해설 이영란

펴낸 곳 터닝포인트
등록번호 2005. 2. 17 제6-738호
주소 서울시 마포구 동교로27길 52 지남빌딩 308호
대표전화 (02)332-7646
팩스 (02)3142-7646
홈페이지 www.diytp.com
ISBN 978-89-94158-65-5 (13630)
정가 15,000원

내용 및 원고 집필 문의 diamat@naver.com
(터닝포인트는 삶에 긍정적 변화를 가져오는 좋은 원고를 환영합니다.)

어린 시절 친구들과 똑같은 옷이 싫어 무언가를 붙이고 떼어내고 하며
나만의 옷을 만들어 입고는 했습니다.
이제 어른이 되어 퀼트를 하며 나만을 위한 단 하나의 옷을 지어 입습니다.
이제 준비하세요. 나를 위해 올봄 좋은 선물이 되어줄 거예요.

김윤경

바느질이 좋아 시작한 퀼터의 길이 20여 년이 지났습니다.
전시 작품을 만들면서 틈틈이 만들어 입고 다니던 옷들이
이제 책으로 출판이 되니 감회가 새롭습니다.
손쉽게 만들 수 있는 옷들이 널리 사랑 받았으면 좋겠습니다.

김홍주

내가 만든 옷들이 어느 순간 자연스럽게 나와 잘 어울리는 옷들이 되었습니다.
옷이 좋아서 만들기 시작한 옷들…, 이제는 가장 편하고,
잘 어울리는 옷이 되어 옷장을 가득 채우고 있습니다.
놀이 삼아 하나, 둘 시작한 옷을 세상 밖으로 내놓게 되어서 기쁘지만,
한편으로는 걱정도 생깁니다. 하지만, 많은 퀼터분들이
우아하게 만들어 입기를 간절히 바랍니다.

노영희

$\mathcal{C}$ontents 목차

Part 1

작품 갤러리

원피스, 블라우스, 치마, 바지, 가디건, 조끼, 가방 등
총 21가지 퀼트로 만든 일상의 옷과 소품

기본 원피스

×

누구나 한 벌쯤은
갖고 싶어 하는 기본 원피스,
편안하면서도 안정된 느낌을 주는
나만의 원피스를 만나보세요.

작품 설명: 72P, 실물본 A면, 김홍주 작품

좋아하는 색상의
천을 골라 새로운 원피스를
만들어보아요.
자신만의 개성을 살려
다양하게 변형할 수 있는 것도
큰 매력이에요.

작품 설명: 72P, 실물본 A면
김윤경 작품

노영희 작품
김홍주 작품

• Skirt Pants • 02

멋스러운
치마바지

아플리케를 덧댄 천을
멋스럽게 두른 편안한 바지입니다.
좋아하는 무늬의 아플리케를
활용해보세요.

블랙 클러치백

쉽고 간단하게 만들 수 있지만,
캐주얼에도 정장에도
잘 어울리는 활용도가 높은
블랙 클러치백입니다.

작품 설명: 76P, 실물본 C면, 김윤경 작품

우아한 민소매 원피스

화려하고 큰 꽃무늬의
원피스라도 차분하고 우아한
분위기를 연출할 수 있어요.
기본 원피스를 활용한
또 다른 원피스에요.

작품 설명 : 80P, 실물본 A면, 노영희 작품

나시 랩 원피스

어두운 색상의 천을 사용하여
차분하고 부드러운 분위기로
연출할 수도 있고,
밝은 색상의 천을 사용하면
싱그러운 느낌도 낼 수 있는
활용도가 높은 옷이에요.

작품 설명: 82P, 실물본 C면, 김홍주 작품

바이올렛 원피스

사랑스러운 소녀의 미소가
저절로 떠오르는 아름다운 원피스에요.
어디에든 잘 어울리는
최고의 원피스랍니다.

작품 설명: 84P, 실물본 C면, 김윤경 작품

블랙 원피스

심플한 블랙 원피스에
퀼트로 장식을 넣어
고급스럽게 표현한 원피스에요.
우아한 패치워크 장식이 한층
돋보인답니다.

작품 설명: 86P, 실물본 D면, 김윤경 작품

청 크레이지 요크 원피스

×
셔츠 스타일의 심플한 원피스에
패치워크 무늬를 넣어 생동감을 더했어요.
밝고 통통 튀는 느낌이 사랑스러워요.

작품 설명: 88P, 실물본 B면, 김윤경 작품

핀턱 블라우스

×

당장에라도 만들어 입고
밖에 나가 시원한 바람을 맞으며
산책하고 싶은 옷이에요.
당신의 여성스러움을 한층
살려줄 거예요.

작품 설명: 92P, 실물본 E면, 김윤경 작품

∘ Blouse ∘ 10
언발란스 블라우스

넉넉하고 편안한 느낌의 디자인이지만,
앞뒤의 길이를 다르게 표현하여
경쾌함을 더해보았습니다.
계절에 상관없이 매일 입고 싶은
옷이 될 거예요.

작품 설명: 94P, 실물본 C면, 노영희 작품

러블리한 조끼

×
어느 옷에나 자연스레
어울리는 롱 조끼입니다.
원단의 소재에 따라 다양하게
즐길 수 있어요.

작품 설명: 96P, 실물본 E면, 노영희 작품

Cardigan Coat ∘ 12

가디건 코트

쉽게 만들 수 있지만,
입으면 멋이 나는 가디건 코트입니다.
울 같은 두꺼운 원단으로 만들면
겨울 코트가 됩니다.

작품 설명: 98P, 실물본 F면, 김홍주 작품

Curot Pants · 13
귀여운 큐롯

넉넉한 바지통이
독특한 큐롯입니다.
고무줄을 사용하여 더욱더 편안함을
느낄 수 있어요.
언발란스 블라우스와 함께
입어보세요.

작품 설명: 100P, 실물본 A면, 김윤경 작품

• Wrap Skirt • 14
롱 랩 스커트

오늘은 우아한 여배우 같은
느낌을 내고 싶을 때,
청초하며 내 안의 여성스러움을
더욱 돋보이게 하는
롱 랩 스커트를 만나보세요.

작품 설명: 102P, 실물본 E면, 김홍주 작품

조각 랩 스커트

패치워크의 고유한 매력이
살아있는 치마예요.
푸른색으로 통일감을 준 패치워크에서
프렌치 시크의 정취가 느껴져요.

작품 설명: 104P, 실물본 D면, 김홍주 작품

아플리케가 멋진
숄더 에코백

×

멋스러운 치마바지와
짝꿍인 가방이에요.
어깨에 멜 수도 있고
손에 들 수도 있는
다양하게 활용할 수 있는
아주 편리한 가방이에요.

작품 설명: 108P, 실물본 C면, 노영희 작품

스트라이프
클러치백

×

숨겨왔던 나의
바느질 솜씨를 뽐내보아요.
원하는 대로, 손가는 대로 다양한
퀼트 무늬를 만들어보세요.

작품 설명: 112P, 실물본 F면, 김홍주 작품

접어드는
클러치백

레이스와 테솔을 활용하여
사랑스런 가방을 만들었어요.
얌전한 요조숙녀 분위기를
만들어주어요.

작품 설명: 114P, 실물본 C면, 노영희 작품

패치 클러치백 겸
맥북 파우치

좋아하는 여러 가지 천 조각을
사용하여 가방을 만들어보세요.
언제든 어디든 함께 하고 싶은
친구가 될 거예요.

작품 설명: 118P, 김윤경 작품

선글라스 케이스

선물용으로 정말 좋은
선글라스 케이스예요.
좋아하는 천으로 자유롭게
퀼트를 해서 소중한 사람에게
선물해보세요.

작품 설명: 120P, 실물본 F면, 김홍주 작품

블랙 사각
왕골 가방

×

왕골을 사용하여
색다른 가방을 만들어보세요.
숄더백으로도 활용할 수 있는
넉넉한 크기가 외출용으로
딱이에요.

작품 설명: 122P, 김홍주 작품

Part 2

퀼트와 옷 만들기 기초

퀼트 바느질 방법과 재봉틀 사용 방법을 익혀 직접 옷을 만들어보세요.

× *01* 퀼트 용어 ×

퀼트 : 겉지, 솜, 속지를 순서대로 놓고 누비는 것을 말합니다.

피스 : 최소 단위의 조각 원단입니다.

피싱 : 조각 원단들을 연결하여 바느질하는 것으로 조각 작업(피스 워크)이라고 합니다.

퀼팅 : 겉지, 솜, 속지를 합쳐 누비는 작업을 말합니다.

패치 : 피스라고도 하며 천 조각들을 패턴대로 잘라 놓은 조각을 말합니다.

패치워크 : 삼각형, 사각형, 마름모형 등 2장 이상의 천 조각을 서로 바느질해서 이어붙이는 것입니다.

바인딩 : 가장자리를 깔끔하게 바이어스 테이프로 감싸거나 겉지나 속지로 감싸는 것을 말합니다.

아플리케 : 바탕천 위에 원하는 형태의 다른 천 조각들을 바느질해서 덧대는 것을 말합니다.

패턴 : 퀼트의 다양한 도안을 말합니다.

× *02* 도안 그리기 용어 ×

마킹 : 원단을 재단하기 위한 마름질선이나 바느질할 완성선 등을 원단에 표시하는 것을 말합니다.

실물본 : 작품 실제 크기의 도안을 말합니다.

패턴 : 작품의 디자인을 말합니다.

형지 : 원단을 재단하거나 도안을 원단에 그릴 때 사용하는 종이입니다. 반복해서 사용해도 모서리가 구겨지지 않는 두꺼운 종이나 얇은 플라스틱 시트가 알맞습니다.

완성선 : 작품을 완성했을 때 마무리되는 선을 바느질할 선입니다.

마름질선 : 원단을 재단하기 위한 선입니다.

시접 : 완성선과 마름질선 사이를 바느질하여 잇기 위해 필요한 부분입니다. 보통 완성선에서 0.7cm~1cm 정도 더합니다.

자르기 : 시접 없이 완성선에서 원단을 자르는 것입니다.

표식 : 곡선 모양의 피스 등을 바느질할 때 정확한 재봉을 위해 양쪽 피스의 연결 부위를 표시하는 표식입니다. 원단이 움직이지 않도록 맞추는 기준이 됩니다.

퀼트에서는 홈질과 공그르기만 알면 대부분의 작품을 만들 수 있습니다.

홈질

기본적인 바느질 방법으로 앞과 뒤의 땀이 같도록 바느질합니다.

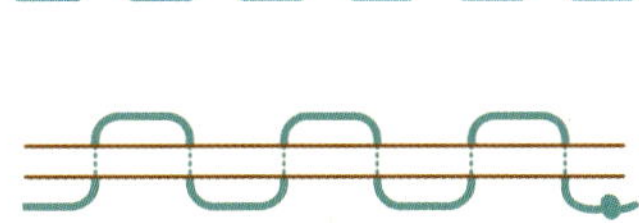

ㄷ자 공그르기

아플리케를 할 때 주로 사용하는 바느질 방법으로 감침질의 하나입니다. 솔기가 ㄷ자로 보여 ㄷ자 공그르기라고 부릅니다.

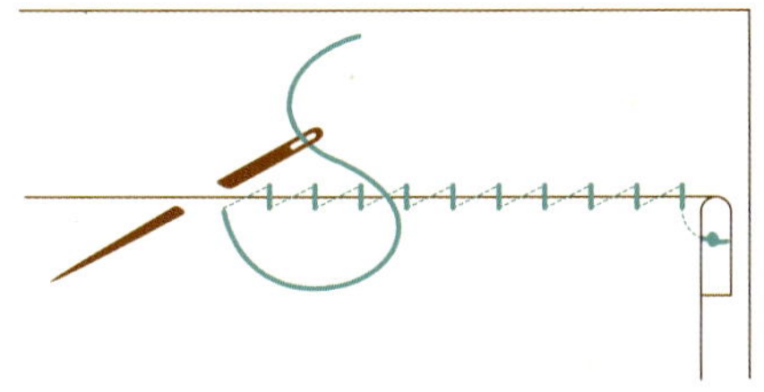

공그르기(2장 연결)

ㄷ자 공그르기와 같은 방법으로 바느질하지만 땀이 보이지 않게 완성선보다 조금 시접 쪽을 뜨면서 감치는 방법입니다. 겉에서 보아도 솔기가 보이지 않습니다.

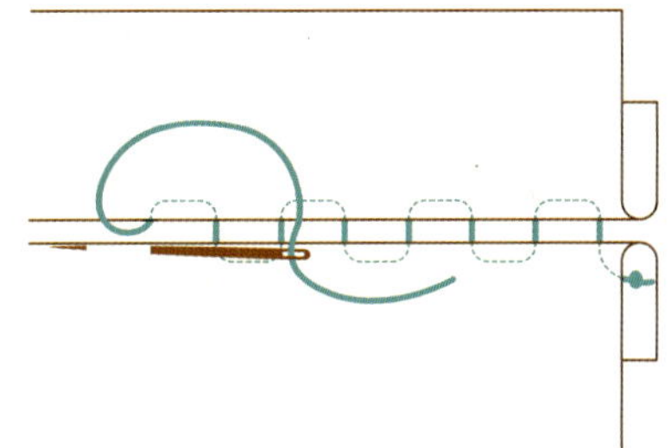

아플리케 방법

01 원단 겉면에 완성선을 그린 후 0.3~0.5cm 시접을 남기고 재단합니다. 곡선 모양의 아플리케를 할 때 원단이 쏠리지 않도록 모티브의 곡선 부분의 시접 부분에 완성선 바로 전까지 가위로 절개를 넣습니다.

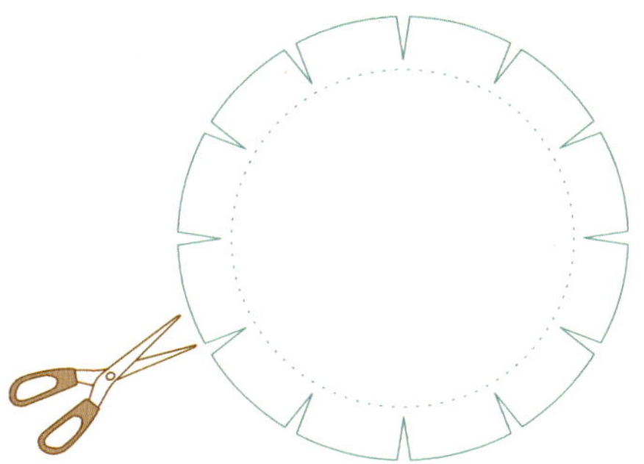

02 바늘 끝으로 시접을 접어 넣으면서 바탕 원단에 공그르기합니다.

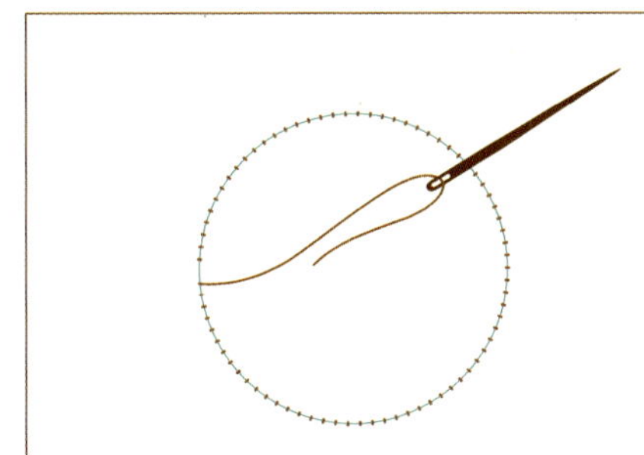

퀼팅하기

퀼팅 시 바늘에 실을 한 번만 감아 매듭을 작게 만들고, 첫 땀을 뜰 때 살짝 당겨 매듭이 솜 사이로 들어가게 합니다. 첫 땀은 뒤로 한 땀 되돌아가 홈질로 진행하고, 마지막 땀도 한 땀 되돌아간 후 매듭이 솜 사이로 가도록 살짝 당깁니다.

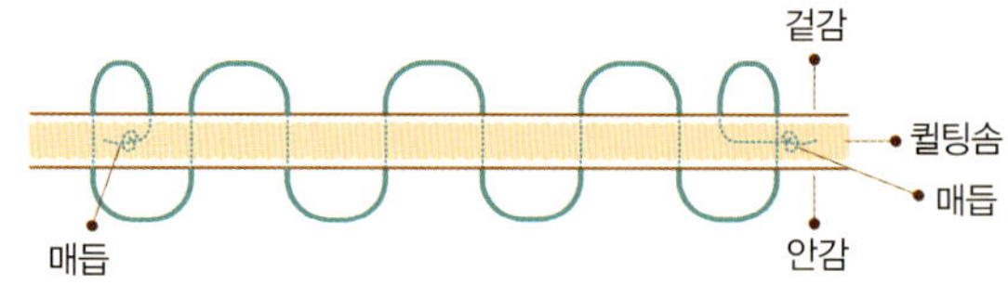

바이어스 테이프로 바인딩하기

01 원단의 안과 바이어스 테이프의 겉을 맞대고 다리미로 접은 선에 맞춰 재봉틀로 박음질합니다. 시침핀으로 고정한 후 박아도 됩니다.

02 원단 가장자리를 감싸듯이 바이어스 테이프를 원단 겉쪽으로 뒤집어 시침핀으로 고정합니다.

03 바이어스 테이프의 가장자리에서 2mm 정도 안쪽에 재봉틀로 스티치를 합니다.

× *04* 실물본 사용 방법 ×

실물본의 각 부위 용어

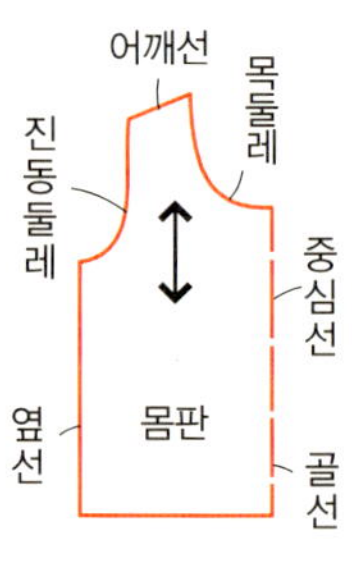

몸판(앞판, 뒤판)

상반신에 사용하는 명칭입니다. 옆선을 기준으로 한 번 접어 앞을 앞판, 뒤를 뒤판이라고 합니다. 앞뒤의 몸판은 원단을 반으로 접어 '골선'을 만들어 재단하는 경우가 많기 때문에 실물본은 반쪽이 많으며 소매를 붙이는 부분을 진동둘레라고 합니다.

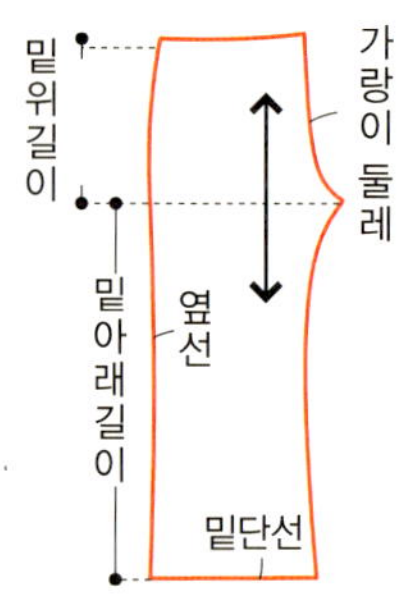

바지 패턴

옆선을 기준으로 앞뒤로 한 번 접어서 앞을 바지 앞판, 뒤를 바지 뒤판이라고 합니다. 앞뒤의 바지는 원단을 안(또는 겉)끼리 마주보게 접어서 좌우 2장을 함께 재단하는 경우가 많으므로 실물본은 반쪽인 경우가 많습니다.

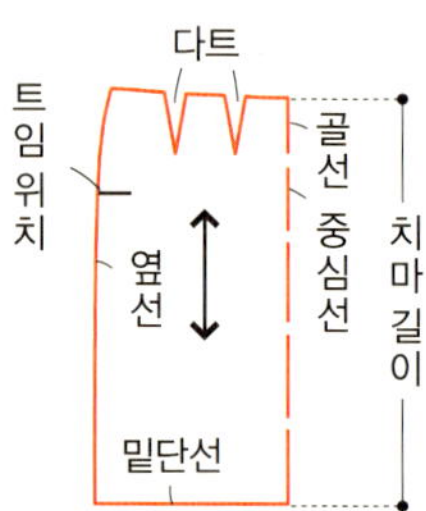

치마 패턴

옆선을 기준으로 앞뒤로 한 번 접어 앞을 치마 앞판, 뒤를 치마 뒤판이라고 합니다. 치마 패턴도 실물본은 반쪽인 경우가 많습니다.

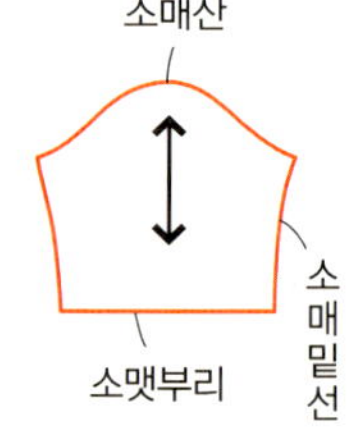

소매 패턴

소매산을 중심으로 앞소매와 뒷소매로 나눕니다. 앞소매와 뒷소매는 비슷하므로 틀리지 않게 주의하세요. 디자인에 따라 곡선 부분의 기울이가 다릅니다.

안단

몸판의 앞트임 부분이나 목둘레, 바지, 치마 등의 시접을 처리할 때 사용합니다. 소매 없는 옷의 진동둘레에 사용하기도 합니다. 일반적으로 접착심지를 붙여서 사용합니다.

실물본에 사용하는 명칭

다트: 신체 라인에 맞추기 위해 원단을 접은 부분입니다. 일반적으로 엉덩이나 가슴 등에 들어갑니다.

골선: 몸판 등처럼 좌우대칭을 이루는 실물본은 반쪽의 중심선이 '골선'이 됩니다. 반으로 접은 원단의 골선과 실물본의 '골선'을 잘 맞춰 재단합니다.

트임 위치: 바지나 치마에 지퍼를 달 때 필요한 표시입니다. 위쪽은 꿰매지 않습니다.

실물본 기호

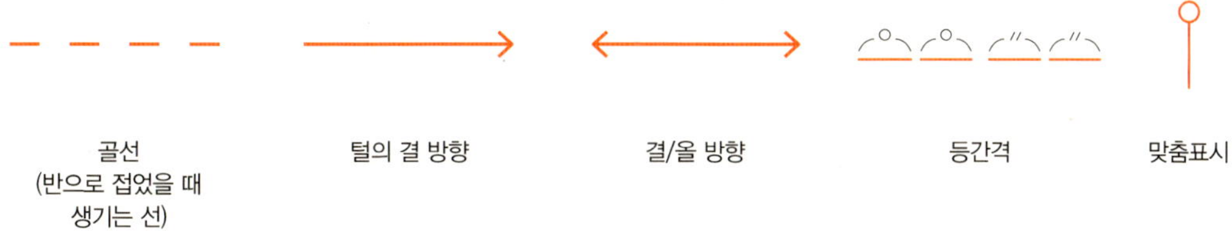

실물본의 종류

실물본에는 시접이 있는 것과 시접이 없는 것이 있습니다. 시접이 없는 실물본의 모든 부위에 시접을 만들기 위해서 시간과 수고가 들므로 시접이 있는 실물본이 편리합니다.

실물본 사용법

실물본을 수정하려면 전문지식과 기술이 필요합니다. 초보자도 쉽게 수정하는 방법은 다음과 같습니다.

약간 작게 하는 경우: 기본 시접보다 3~5mm 안쪽에 박습니다.

약간 크게 하는 경우: 기본 시접보다 3mm 정도 바깥쪽에 박습니다.

재단 방법

가위는 작업대를 따라 움직여야 합니다. 직선 부분은 칼날을 크게 벌려 사용하고, 곡선 부분은 칼날 끝을 사용합니다. 가위를 작업대에 붙여 미끄러지듯이 움직이면서 원단을 재단합니다. 다른 손으로는 원단을 고정합니다.

1. 원단에 실물본을 올려놓고 재단할 때: 문진을 올려놓고 자릅니다. 직선은 칼날의 허리 부분을 이용하고 곡선은 칼날 끝을 이용합니다. 골선이 있는 경우에는 원단도 접어서 골선을 만들어 재단합니다.

2. 소매를 재단할 때: 소매는 원단 2장을 안이나 겉끼리 마주보게 겹치고 동시에 재단합니다.

재봉틀 각 부분 이름과 명칭

사용할 원단을 정했다면 그에 맞는 바늘과 실을 고릅니다. 원단 두께가 바뀌면 사용하는 바늘과 실도 달라집니다. 바늘땀이 깔끔하지 못할 때는 다시 한 번 이 부분을 확인하세요.

*기종에 따라 다를 수 있습니다.

실감기 조절기

실토리에 밑실을 감을 때 사용합니다.

윗실 장력 조절 장치

윗실이 당겨지는 세기를 조절할 때 사용합니다.

실채기

바늘과 함께 올라갔다 내려갔다 하며
윗실을 끼울 때 사용합니다.

스피드 콘트롤러

자동박음질 기능 사용시
박음질 속도를 조절할 때 사용합니다.

되돌려박기 버튼

이 버튼을 누르면 이송톱니가 보통과 반대로 움직이
면서 천이 작업하는 사람쪽으로 이동합니다.
시작할 때와 마무리할 때 사용합니다.

노루발 올림 레버

노루발을 올리고 내릴 때 사용합니다.

자동 실끼우기 장치

바늘에 실을 자동으로 끼울 때 사용합니다.

시작/정지 버튼

재봉틀을 작동시키거나 정지시킬 때 사용합니다.
속도 조절 발판을 장착해서 사용할 때는 속도
조절 발판이 시작/정지 버튼보다 우선 됩니다.

노루발

원단을 눌러주는 장치로 원단 종류나
바느질 종류에 따라 알맞은 전용 노루발로 바꾸어 사용하
면 재봉틀의 다양한 기능을 활용할 수가 있습니다.

속도 조절 발판이 있으면 양손이 자유로워 원단을 확실하게 잡아주면서 바느질을 진행할 수 있습니다. 기종에
따라서는 별도로 구입해야 하는 경우도 있는데, 바느질을 깔끔하게 완성시킬 수 있으므로 추천합니다.

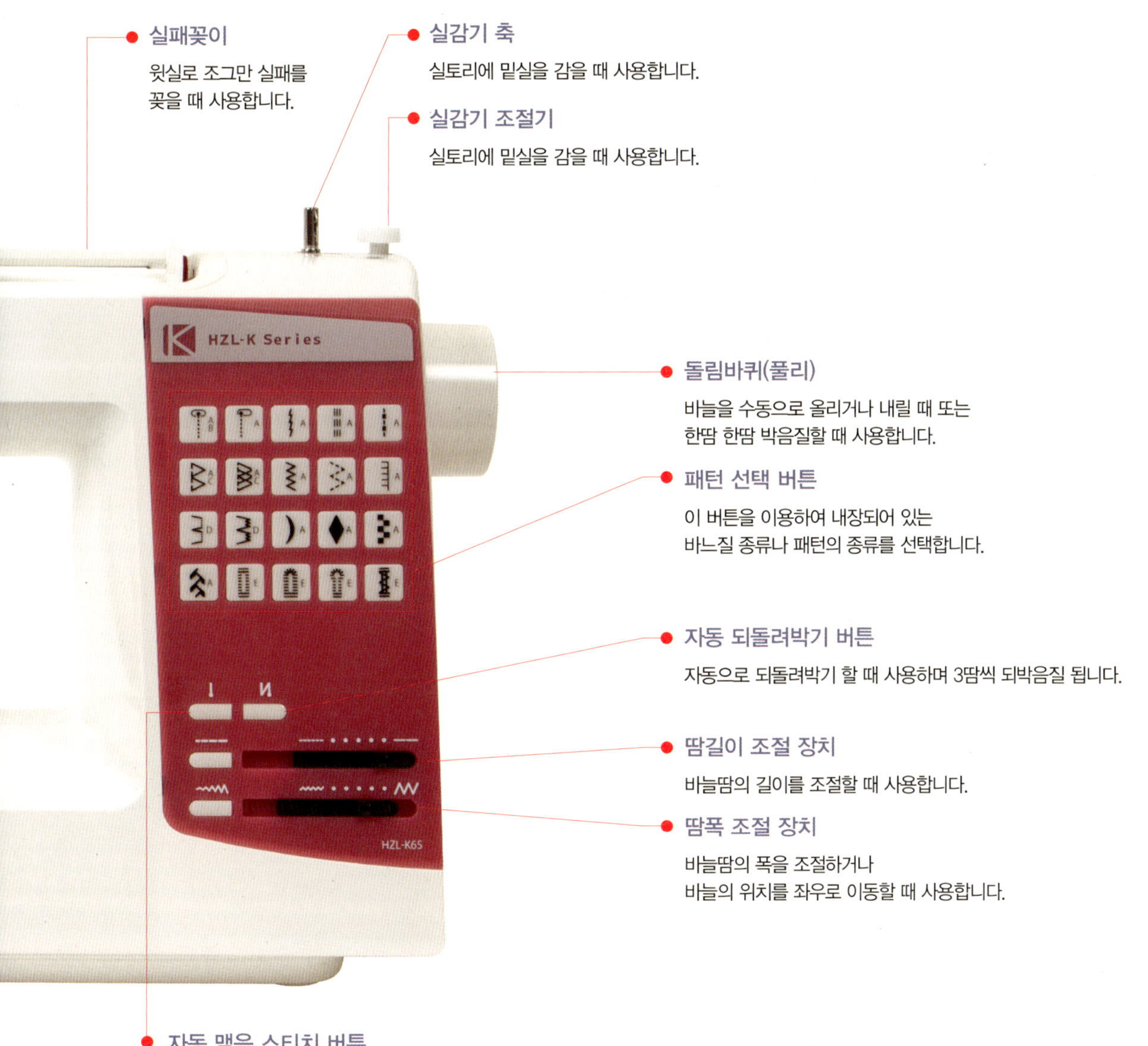

실패꽂이

윗실로 조그만 실패를
꽂을 때 사용합니다.

실감기 축

실토리에 밑실을 감을 때 사용합니다.

실감기 조절기

실토리에 밑실을 감을 때 사용합니다.

돌림바퀴(풀리)

바늘을 수동으로 올리거나 내릴 때 또는
한땀 한땀 박음질할 때 사용합니다.

패턴 선택 버튼

이 버튼을 이용하여 내장되어 있는
바느질 종류나 패턴의 종류를 선택합니다.

자동 되돌려박기 버튼

자동으로 되돌려박기 할 때 사용하며 3땀씩 되박음질 됩니다.

땀길이 조절 장치

바늘땀의 길이를 조절할 때 사용합니다.

땀폭 조절 장치

바늘땀의 폭을 조절하거나
바늘의 위치를 좌우로 이동할 때 사용합니다.

자동 맺음 스티치 버튼

실의 올이 풀리지 않도록 자동으로 제자리에서 되박음질 합니다.

이 책에서는 가정용 재봉틀을 사용하여 옷과 가방을 만들었습니다. 가정용 재봉틀은 공업용보다 속도는 느리지만, 초보자도 다루기 쉽습니다. 가정용 재봉틀로도 충분히 예쁜 옷과 가방을 만들 수 있습니다. 가정용 재봉틀을 기준으로 한 사용 방법 설명입니다.

바늘 끼우기

01 바늘의 편평한 면을 축에 맞춰 끼웁니다. 정면에서 봤을 때 바늘 구멍이 정면을 향해야 합니다.

02 깊이 끼워 넣은 후 오른쪽 옆의 나사를 단단히 돌려 바늘을 고정합니다.

윗실 끼우기

01 실을 실패꽂이에 고정합니다. 실을 고정하기 위한 홈이 있는 면을 바닥 쪽으로 놓으면 편리합니다.

02 실 걸기는 노루발을 올린 상태에서 합니다. 순서에 따라 실을 겁니다.

03 계속해서 실을 걸어 마지막에는 바늘대 실 걸개에 실을 겁니다.

04 실을 대각선으로 자르고 바늘구멍 앞에서 뒤로 실을 꿰니다.
실은 10cm 정도 여유롭게 빼놓으세요.

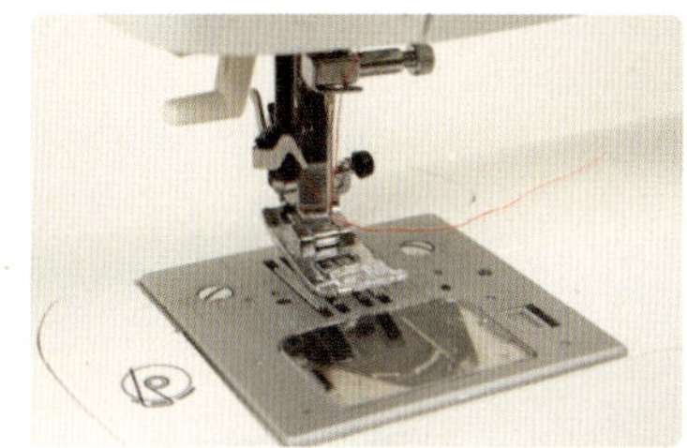

밑실 끼우기

01 사용설명서를 참조하여 보빈에 밑실을 감습니다. 보빈은 브랜
드에 따라 높이 등이 다릅니다. 재봉틀 제조사의 제품을 사용
하지 않으면 고장의 원인이 될 수 있습니다.

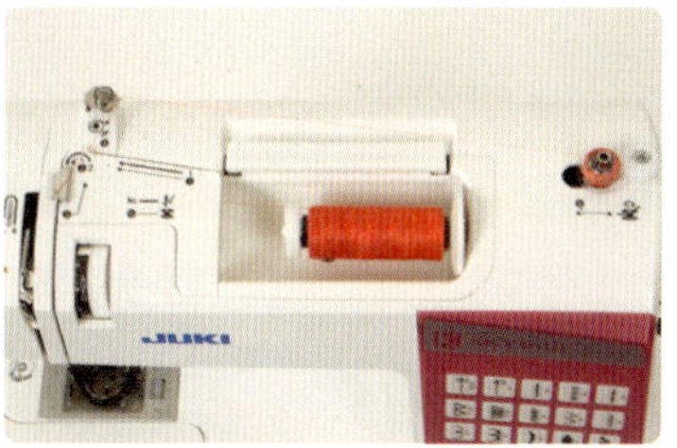

02 실을 잡아당겼을 때 시계방향과 반대로 보빈이 움직이도록
북집에 넣습니다. 실은 10cm 정도 빼놓으세요.

밑실 끌어올리기

01 왼손으로 윗실을 붙잡은 상태에서 오른손으로 돌림바퀴를 반
시계방향으로 돌립니다.

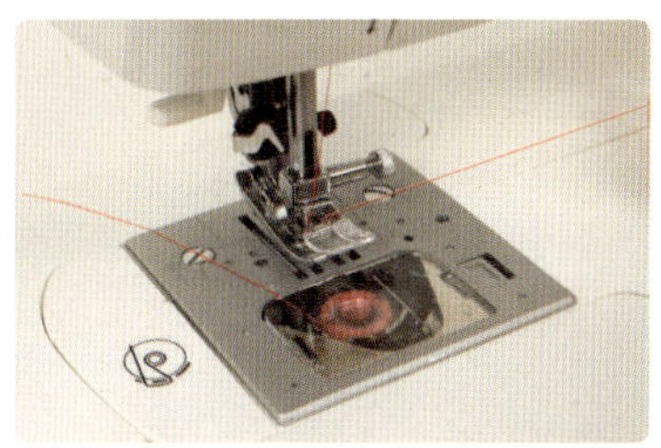

02 북집이 1회전하면 밑실이 저절로 휘감기므로 윗실을 천천히
    잡아당겨 밑실을 빼냅니다.

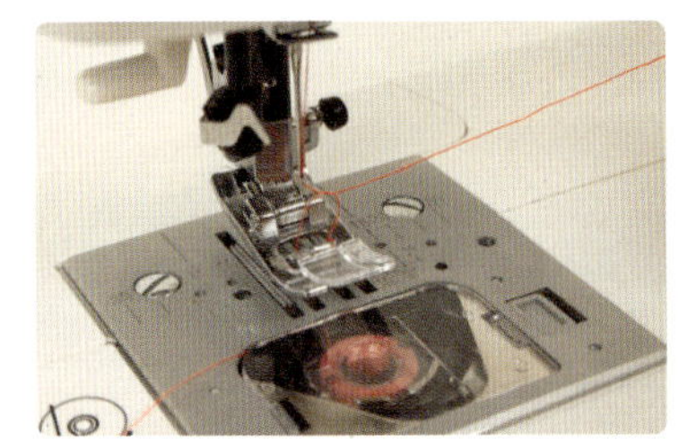

03 윗실, 밑실이 준비되면 노루발 밑으로 통과시켜 2가닥이 같은
    방향으로 오게 합니다.

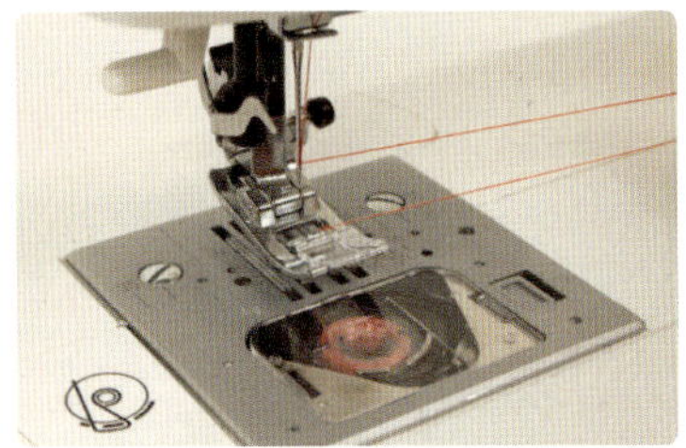

직선박기

긴 거리를 바느질할 때는 한 번에 박으면 깔끔합니다.

01 천을 재봉틀에 세팅하고 오른손으로 돌림바퀴를 몸쪽으로
    돌리면서 바느질 시작 위치에 바늘을 내립니다.

02 노루발을 내리고 천천히 바느질을 시작합니다.

03 양손으로 천의 위아래를 반듯하게 잡고 박음질합니다.

방향 바꿔서 박기

모서리를 깔끔하게 박으려면 잠시 멈춰서 방향을 바꿉니다. 모서리가 가까워지면 서서히 속도를 줄이세요.

01 직선박기처럼 박고, 모서리까지 오면 바늘을 내리고 노루발을 올립니다.

02 내린 바늘을 축으로 해서 천을 몸쪽으로 돌려 방향을 바꿉니다.

03 몸 쪽으로 천을 똑바로 놓고 노루발을 내려 계속 바느질합니다.

곡선박기

곡선박기를 할 때는 양손을 잘 사용해야 합니다.

01 천을 재봉틀에 세팅하고 시작 지점에서 똑바로 바늘을 내린 후 노루발을 내립니다.

02 왼손은 몸쪽으로 오게 하고 오른손은 반대쪽에서 천을 움직이며 천천히 바느질합니다.

03 곡선박기를 잘하려면 노루발 가장자리와 천 가장자리가 딱 맞는지 확인하면서 진행합니다.

원통박기

01 원단의 앞면이 겉으로 오게 한 후 원통 안쪽에 바늘을 내립니다.

02 원단을 몸 반대쪽으로 밀어내면서 서서히 박다가 끝 부분에서는 겹쳐박기를 합니다.

지그재그박기

원단 가장자리를 정리할 때 사용합니다. 원단의 두께나 종류에 따라 바늘땀 크기나 진폭을 조절하세요.

01 지그재그박기는 직선박기를 한 바깥쪽에 합니다. 리넨처럼 올이 성긴 원단은 바늘땀을 작게 조절합니다.

02 원단 가장자리에 바짝 붙여서 박으면 원단이 말리므로 1~2mm 안쪽에 박아야 깔끔합니다.

오버로크 재봉틀 사용 방법

오버로크 재봉틀은 칼날로 원단 가장자리를 자르면서 바느질하는 특수 재봉틀입니다. 오버로크 재봉틀에서는 바늘땀 자체에 신축성이 있기 때문에 원단을 꿰맬 때도 한 번의 박음질로 손쉽게 바느질할 수 있습니다.

이 책에서는 일반적인 오버로크인 '1개 바늘 3가닥 실'로 설정하여 원단 가장자리의 올 풀림을 방지했습니다. 일반 재봉틀의 지그재그박기보다 깔끔하고 튼튼합니다. 원단의 두께에 따라 땀폭이나 땀길이를 조절하면 더욱 깔끔합니다. (오버로크 재봉틀이 없다면 지그재그박기를 해도 됩니다.)

× *06* 주의 사항 ×

- 실물본의 도안은 완성선입니다. 특별한 표기가 없으면 시접 1cm를 남기고 재단합니다.

- 원단은 선세탁 또는 물을 뿌려 다림질 후 사용합니다.
  (선세탁 방법: 찬물에 세제 없이 조물조물 빨아서 건조 후 다림질)

- 매과정마다 다림질을 하면서 만들면 완성도가 높아집니다.

× **가위** – 재단가위, 아플리케가위. 큰 원단을 자를 때 사용하는 재단가위와 작은 조각 재단이나 아플리케 시 사용하는 끝이 날카로운 아플리케가위, 이렇게 두 가지를 준비하면 좋습니다.

× **초크, 수성펜, 아이롱펜, 챠코펜슬** – 원단에 도안을 옮겨 그릴 때는 지워지는 도구를 사용하는 것이 좋습니다. 기본적으로는 초크를 사용하고 그 밖에 물을 뿌리면 지워지는 수성펜, 다림질과 드라이어의 열로 지워지는 아이롱펜, 세탁 후 지워지는 챠코펜슬을 사용합니다.

× **시접자, 줄자** – 시접선(7mm)이 표시된 시접자를 사용하면 편리합니다. 곡선 부위의 길이를 측정할 때는 줄자를 사용합니다.

× **커팅 매트, 로터리 커터** – 자를 대고 직선으로 똑바르게 재단할 때 사용합니다. 로터리 커터는 반드시 전용 커팅 매트에서 사용해야 합니다.

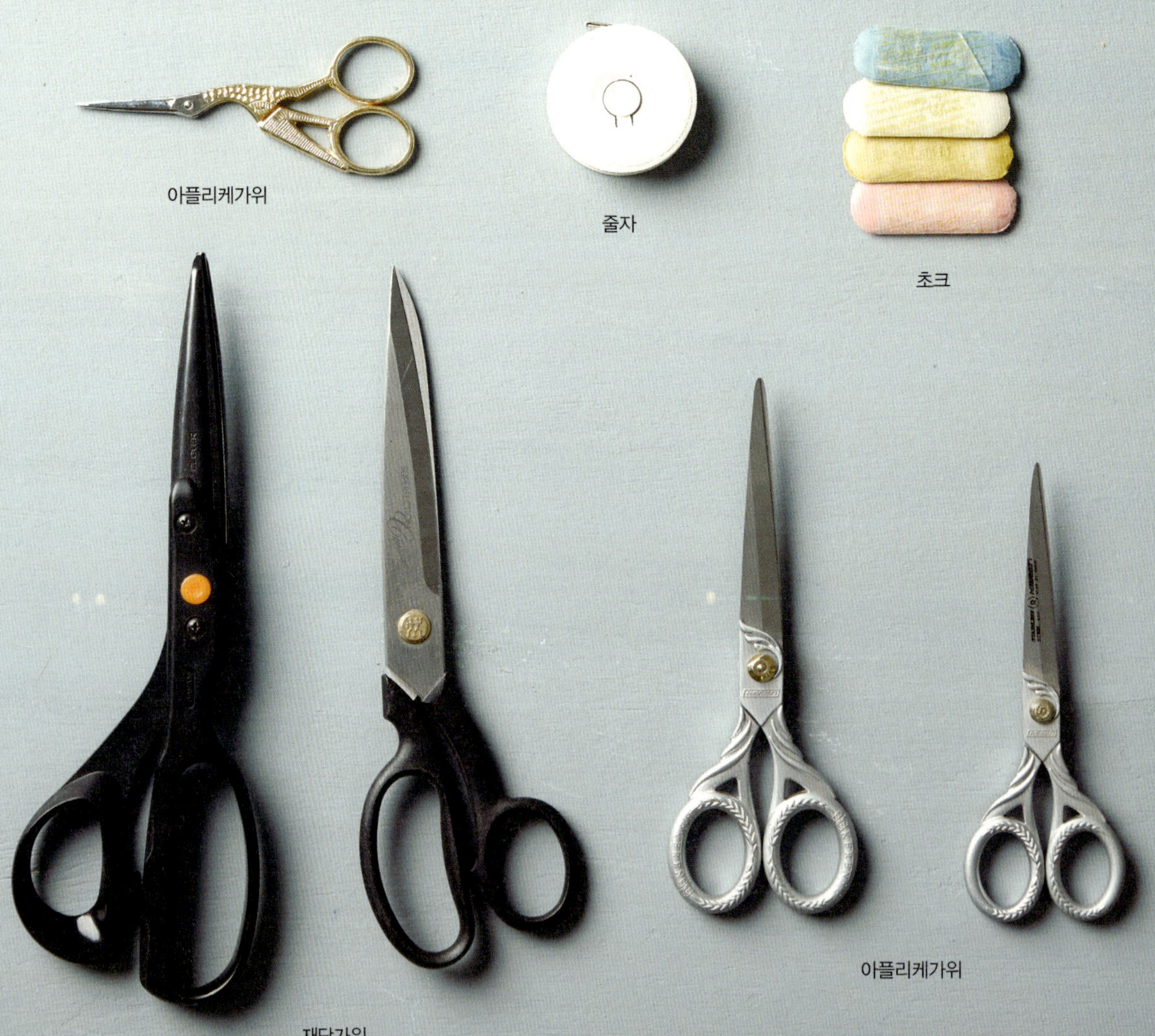

아플리케가위

줄자

초크

재단가위

아플리케가위

× **퀼팅바늘, 아플리케바늘, 자수바늘, 시침바늘** – 용도에 맞는 바늘을 사용하면 좀 더 보기 좋은 결과물을 얻을 수 있습니다. 기본적으로 퀼팅바늘을 가장 많이 사용합니다.

× **퀼팅실, 아플리케실, 시침실** – 기본적으로 사용하는 실은 퀼팅실입니다. 면사로 된 퀼팅실은 조각 연결, 퀼팅 등에 두루 사용하기 좋습니다. 아플리케실은 퀼팅실보다 가늘어서 깔끔한 아플리케 완성품을 보여줍니다. 시침실은 굵은 면사로 시침질에 사용합니다.

× **시침핀, 핀쿠션, 자석 접시** – 조각이나 파트를 임시 고정할 때 퀼트용 시침핀을 사용합니다.

부자재

× **원단** – 디자인에 맞는 색상을 선택합니다. 주로 20~30수 퀼트 원단을 사용합니다. 이 책에서는 다양한 천을 사용했습니다.

× **퀼팅솜** – 가방과 소품에는 디자인에 따라 다양한 퀼팅솜을 사용합니다.

2온스 접착솜, 4.5온스 접착솜(폭신한 접착솜) – 한쪽에 풀이 발린 솜으로 퀼팅 없는 작품에 사용

2온스 퀼팅솜, 5온스 퀼팅솜(폭신한 일반솜) – 주름이 있거나 부드러운 느낌으로 완성되는 작품에 사용

3온스 소품솜, 4온스 가방솜(딱딱한 솜) – 모양이 잡히는 지갑이나 파우치에 사용

작품 따라 만들기

가장 기본적인 작품들을 자세한 사진 설명을 따라서 만들어보세요.

01
기본 원피스

· 준비하기 ·

100% 코튼
110 cm × 225 cm
스냅단추: 1개

· 재단하기 ·

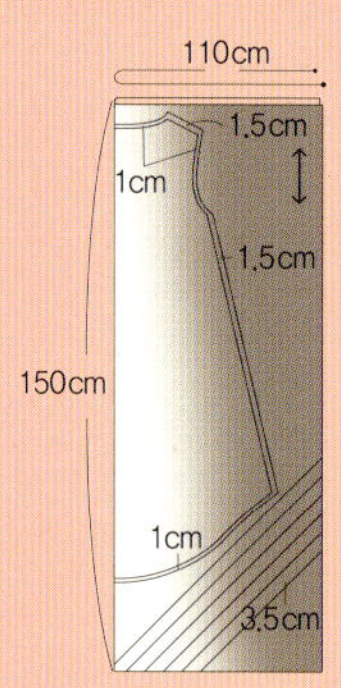

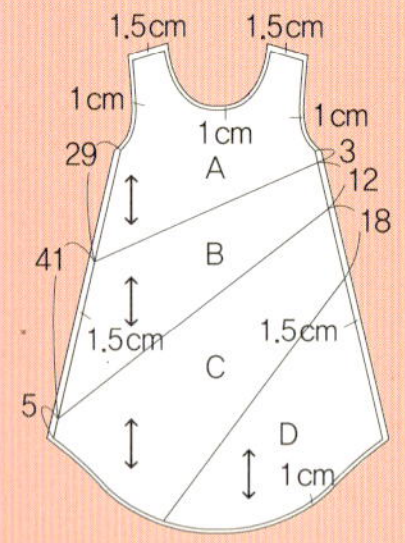

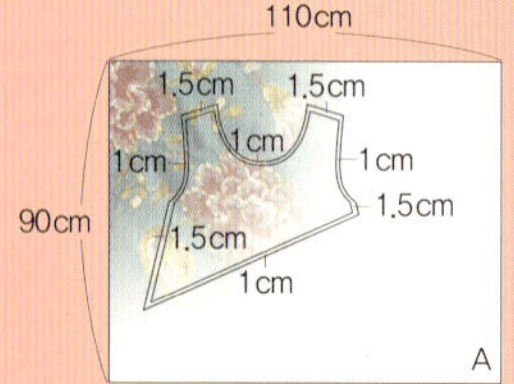

01 원단을 펴 놓고 그림과 같이 실물본을 사용해서 패턴을 그립니다.

02 완성된 패턴의 모습입니다.

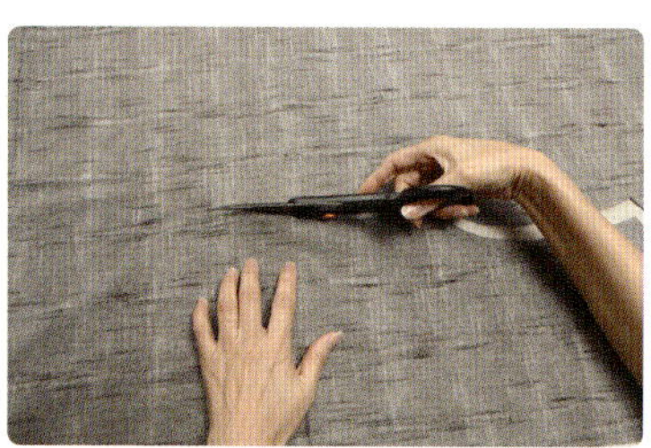

03 시접을 1.5cm 남기고 재단합니다.

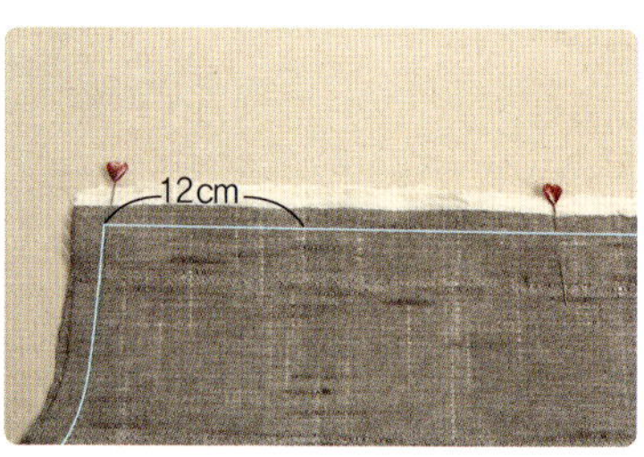

04 뒤판을 트임 부분 12cm을 빼고 재봉틀 직선박기로 바느질합니다.

05 앞 · 뒤의 어깨를 재봉틀 직선박기로 바느질합니다.

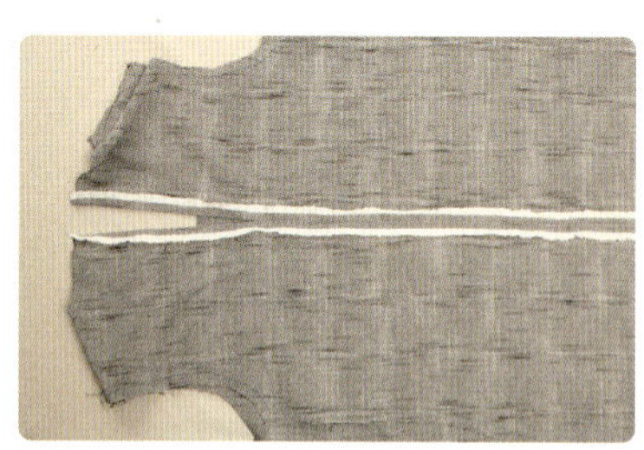

06 앞, 뒤, 옆선을 재봉틀 직선박기로 바느질합니다.

07 앞면은 어깨 부분이 뒷면보다 조금 더 큽니다. 그래야 입었을 때 옷이 들뜨지 않습니다.

08 아랫단 시접 부분은 바느질하지 않습니다.

09 남은 천을 이용해 바이어스 테이프를 재단합니다. 천은 사선 방향으로 놓고 재단합니다.

10 3cm 간격으로 사선 방향으로 놓고 재단하세요.

11 필요한 길이 만큼 바이어스 테이프를 이어서 사용하세요.

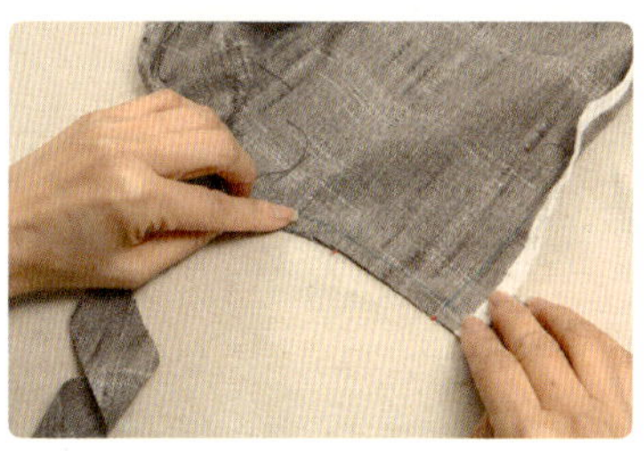

12 목둘레를 바이어스 테이프로 속으로 싸서 바인딩합니다.

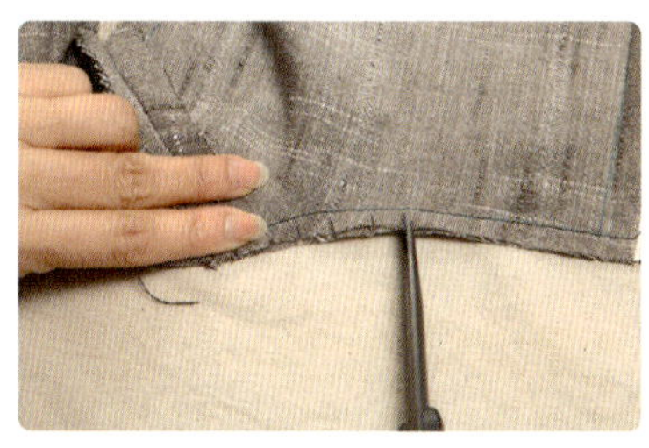

13 가위집을 내서 뒤집은 후 안과 겉이 나란히 되도록 손으로 꺾습니다.

14 안에서 접어 공그르기합니다.

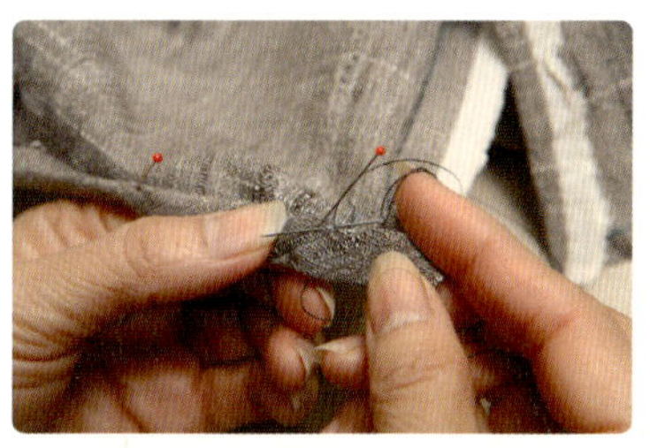

15 팔의 진동둘레도 목둘레처럼 바이어스 테이프를 시침한 후 공그르기 합니다.

18 뒤트임 부분에 스냅단추를 답니다.

19 전체를 다림질하여 마무리합니다.

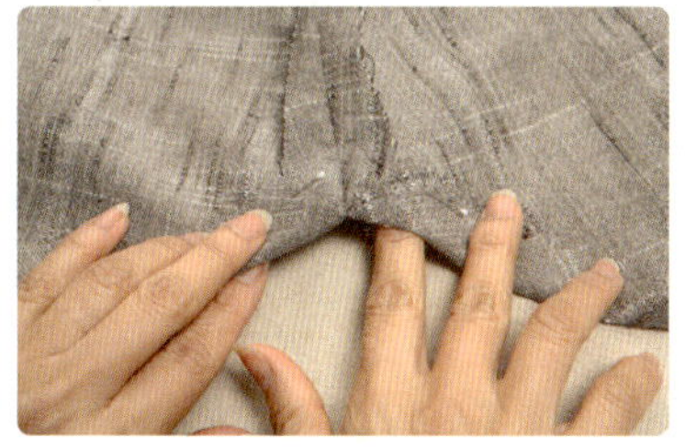

16 시접 부분을 잘 벌려서 바느질합니다.

17 원피스 아랫단은 한 번 접어서 공그르기 합니다.

02
멋스러운
치마바지

· 준비하기 ·

100% 코튼
110 cm × 180 cm
고무줄 밴드: 1cm × (허리둘레 × 2)
아플리케 원단 2종 약간씩

· 재단하기 ·

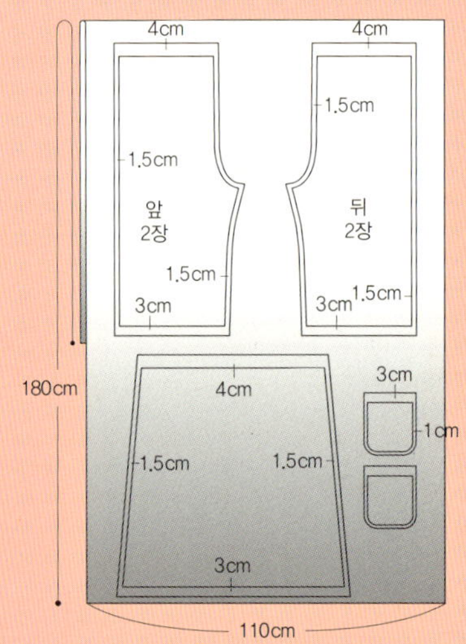

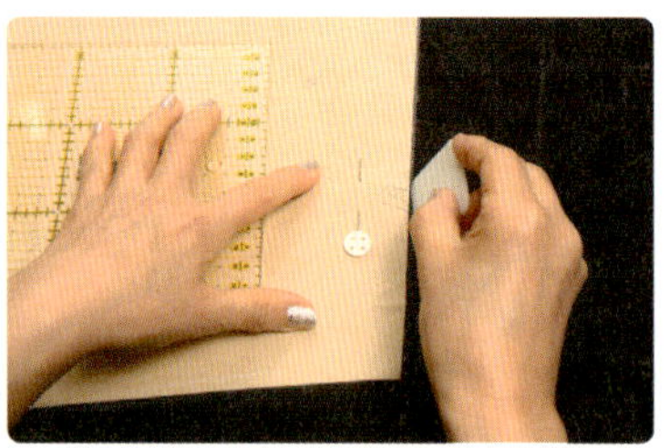

01 앞 2장, 뒤 3장, 앞치마를 실물본을 사용해서 재단하기 그림을 참고하여 시접을 남기고 재단합니다. 앞치마도 시접을 남기고 재단합니다.

02 앞치마 아랫단을 한 번 접어서 재봉틀 직선박기로 바느질합니다.

03 단 처리한 앞치마 아랫부분에 아플리케 실물본을 사용해서 그린 아플리케를 올립니다.

04 아플리케는 0.4cm 정도 접어서 공그르기합니다. 아플리케를 할 때 미리 시침질로 표시를 해 놓으면 편리합니다.

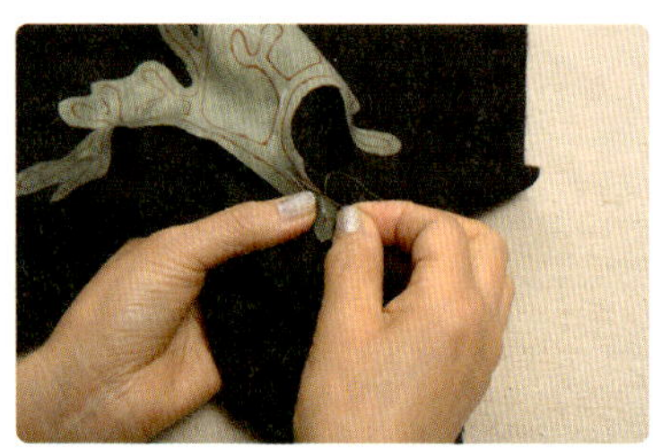

05 공그르기로 아플리케를 달아주세요.

06 아플리케가 완성되었습니다.

07 실물본을 사용해서 재단하기 그림을 참고하여 시접을 남기고 주머니를 재단하여 주머니를 준비합니다. 접어서 한 번 재봉틀 직선박기로 바느질합니다.

08 1cm 정도 안으로 접어서 모양대로 다림질합니다.

 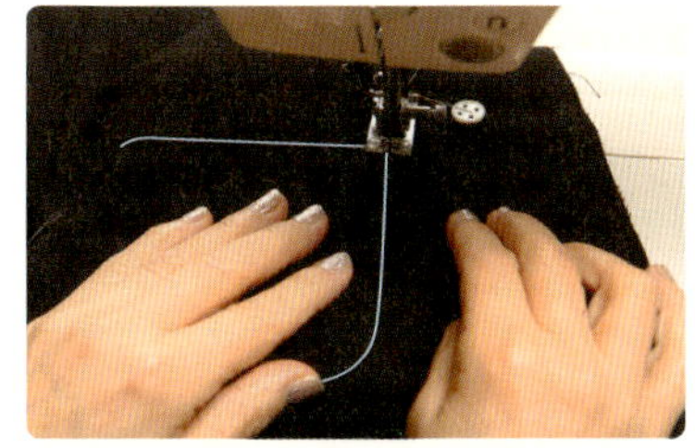

09 앞치마에 위에서 5cm 아래에 주머니를 올리고 재봉틀 직선박기로 답니다.

10 바지의 앞과 앞, 뒤와 뒤를 시침핀으로 고정한 후 재봉틀 직선박기로 연결합니다.

11 연결한 바지의 앞에 주머니를 단 앞치마를 올려놓습니다. 시침핀으로 고정하면서 올립니다.

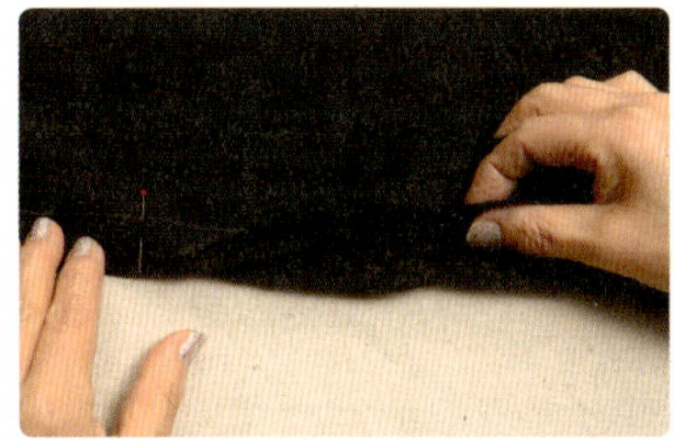  

12 9번 원단 위에 바지의 뒷부분을 올려놓습니다. 겉과 겉이 마주보게 놓습니다.

13 옆선을 재봉틀 직선박기로 바느질합니다. 바지 아랫부분을 한 번에 연결합니다.

14 연결한 부분을 가름솔하여 다리미로 다려줍니다.

17 바지 아랫단을 한 번 접어서 바느질합니다.

18 옆선은 가름솔하고 다림질해서 완성합니다.

 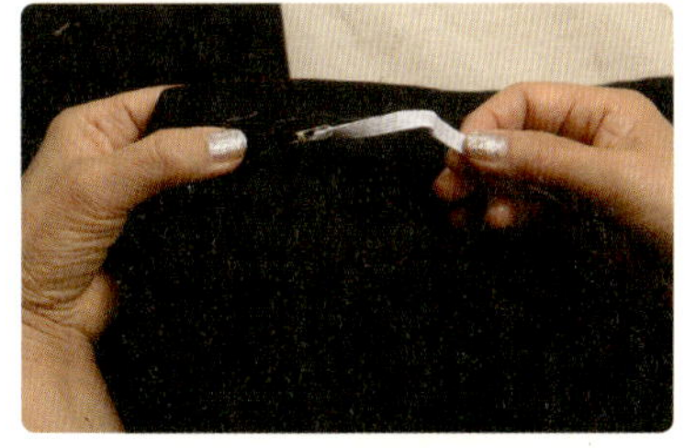

15 허리 부분은 4cm를 접어서 재봉틀 직선박기로 바느질합니다. 2cm 정도 띄우고 고무줄을 넣을 두 줄 칸을 만듭니다.

16 그림과 같이 고무줄을 넣을 창구멍을 두고 바느질합니다. 가운데를 한 번 더 재봉틀 직선박기로 바느질해서 고무줄을 두 줄 넣습니다.

03

블랙 클러치백

· 준비하기 ·

겉감: 40 × 45cm
(검은 무지, 무늬 천)
안감: 40 × 75cm
접착솜: 3온스 40 × 75cm
자석단추 1개
겉감으로 가죽이나 스웨이드도
이용 가능

· 재단하기 ·

직접 천에 자를 사용하여 치수를
그려서 사용하세요.

01 직접 자를 사용하여 치수대로 패턴을 그립니다.

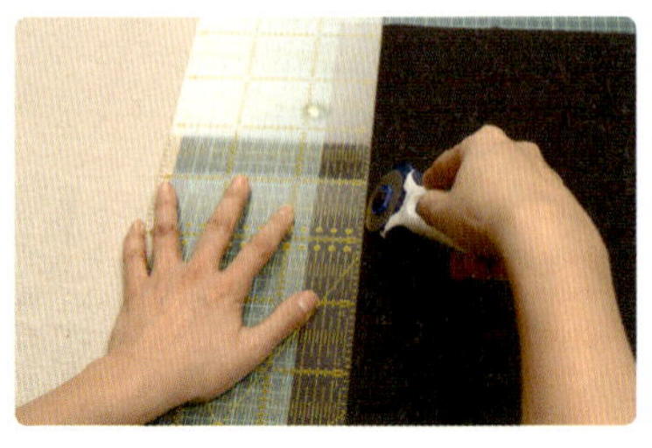

02 재단 커터를 사용하여 직접 원단에 표시한 패턴대로 자릅니다.

03 검은 무지 천과 검은 무늬 천을 서로 겉면끼리 마주보게 두고 안쪽에서 재봉틀 직선 박기로 연결합니다.

04 3온스 접착솜에 3번의 원단을 다림질하여 붙입니다.

05 검은 무지 천에 실물본을 사용하여 꽃 패턴을 그립니다.

06 패턴에 맞춰 홈질로 수를 놓습니다. 스티치의 땀이 일정해야 더 깔끔한 작품이 나옵니다.

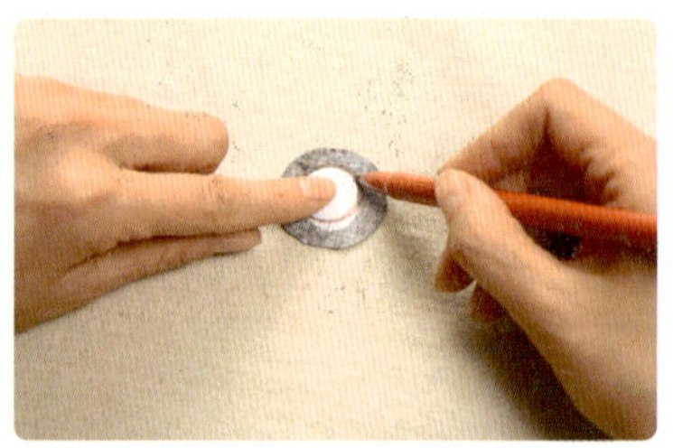

07 꽃 가운데에 달 싸개 단추를 만듭니다. 검은 무늬 천 위에 싸개 단추를 놓고 시접을 1cm 남기고 자릅니다.

08 단추를 쌀 검은 무늬 천의 겉면 주위를 홈질로 바느질합니다.

09 주위를 모두 바느질한 후 실을 잡아 당겨 단추를 검은 무늬 천으로 쌉니다.

 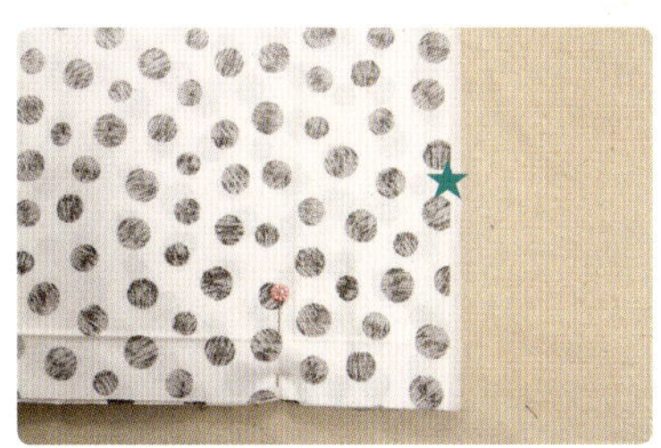 

10 완성된 싸개 단추를 꽃 중심에 바느질하여 답니다.

11 완성된 천을 ★ 부분을 접은 후 안감도 사진처럼 접어 양 옆선을 시접 0.7cm로 잘라 정리하고 솜은 시접 없이 자릅니다.

12 안감은 겉감보다 사방으로 0.5cm 정도 작게 만듭니다. 그래야 가방이 쳐지지 않습니다.

13 입구를 제외한 가방의 옆면을 재봉틀 직선박기로 바느질합니다.

14 입구 구멍으로 가방을 뒤집습니다.

15 가방 입구를 서로 다른 무늬로 바인딩합니다. (검은 무지에는 무늬 천, 검은 무늬 천에는 검은 무지 천으로)

16 가방 입구에 자석단추를 달아 완성합니다.

원피스 만들기

기본형 원피스를 활용하여 다양한 원피스를 만들어보세요.

04
우아한 민소매
원피스

· 준비하기 ·

면, 리넨, 인견
110cm × 225cm
스냅단추: 1개

· 재단하기 ·

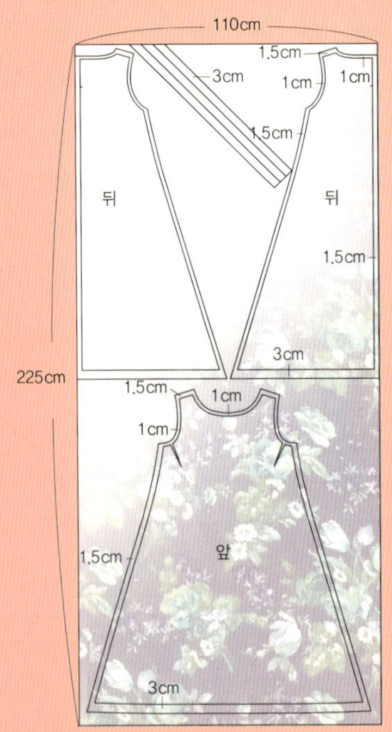

01 원단을 펴 놓고 재단하기 그림처럼 실물본을 사용해 서 시접을 남기고 패턴을 그립니다.

02 표시된 cm만큼 시접을 두고 재단합니다.

03 뒤판을 10cm 트임 부분을 빼고 재봉틀 직선박기로 바느질합니다.

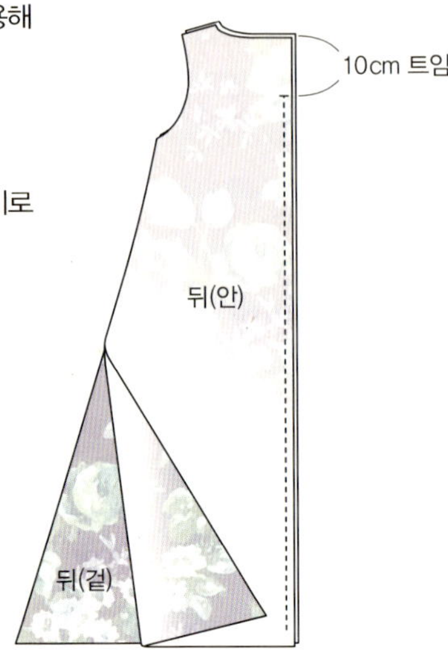

04 앞 · 뒤의 어깨를 재봉틀 직선박기로 바느질합니다.

05 앞, 뒤, 옆선을 재봉틀 직선박기로 바느질합니다.

06 목둘레를 바이어스 테이프로 속을 싸서 바느질합니다.

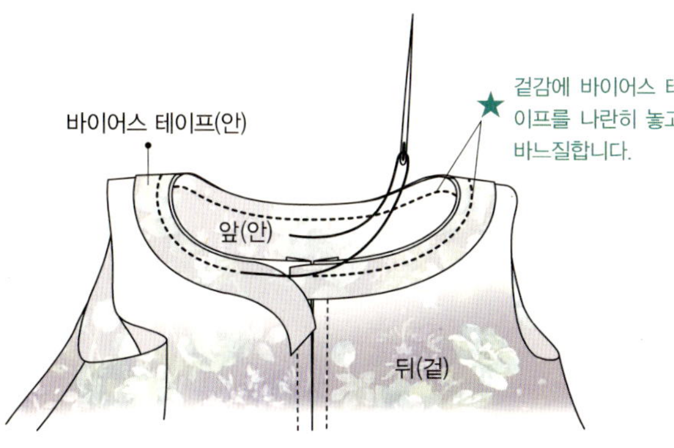

07 바이어스 테이프에 가위집을 내서 뒤집은 후
안과 겉이 나란히 되도록 손으로 꺾습니다.

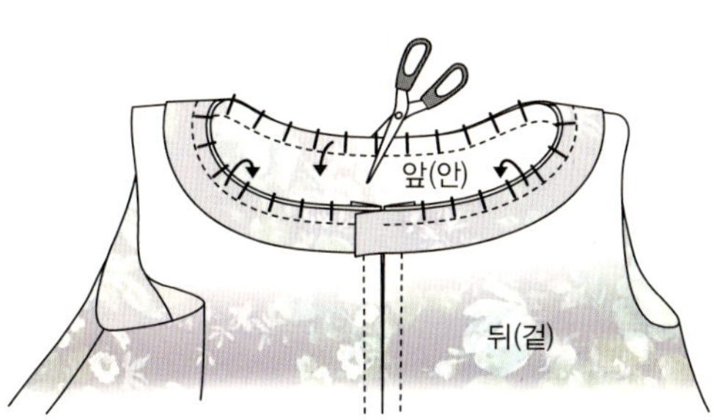

08 바이어스 테이프를 안에서 접어 공그르기합니다.

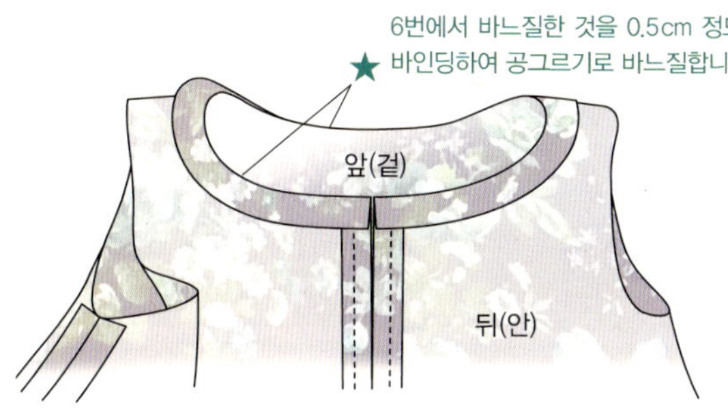

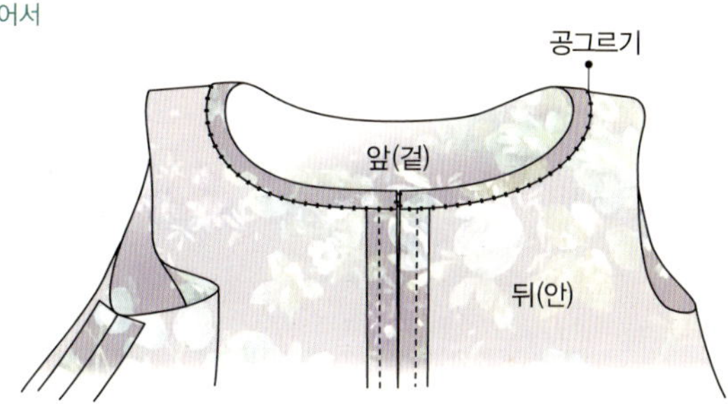

09 어깨의 진동둘레도 6, 7, 8처럼 바느질합니다.

10 원피스 아랫단은 2cm 정도 한 번 접어서 바느질합니다.

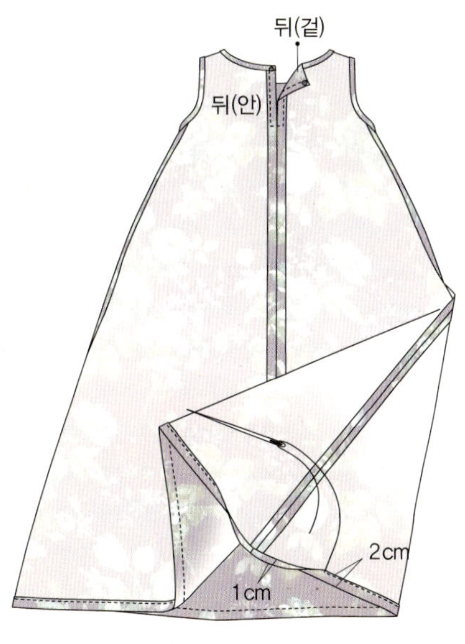

11 뒤트임 부분에 스냅단추를 답니다.

12 전체를 다림질하여 마무리합니다.

05

나시 랩 원피스

· 준비하기 ·

두께감이 있는 순면
110 × 225cm

· 재단하기 ·

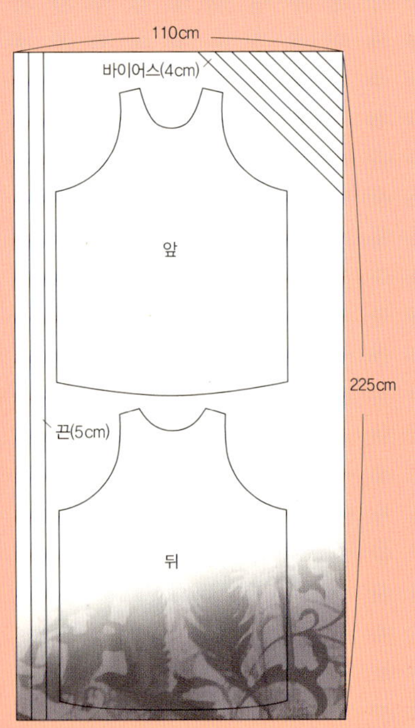

01 앞, 뒤를 실물본을 사용해서 천에 패턴을 그립니다.

02 시접을 2cm 남기고 재단합니다.

03 끈은 5×56cm로 재단하고, 바이어스 테이프는 4cm 간격으로 재단합니다.

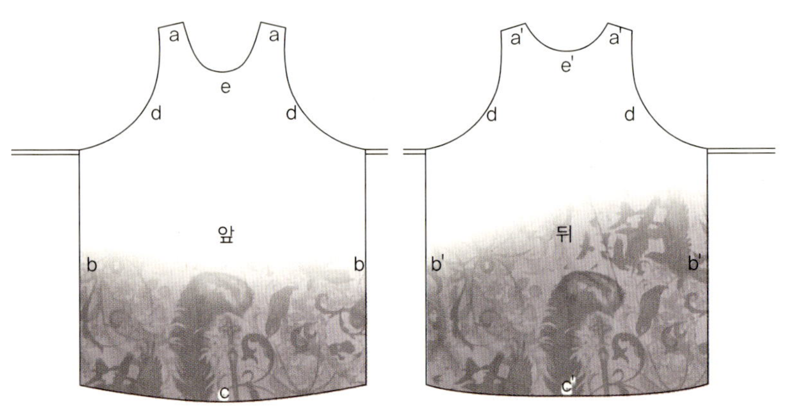

04 어깨선 a의 앞판과 뒤판을 연결해서 바느질합니다. 팔 진동둘레 d는 바이어스 테이프로 공그르기합니다.

05 옆선 B는 시접을 2cm 남기고 두 번 접어 바느질합니다.

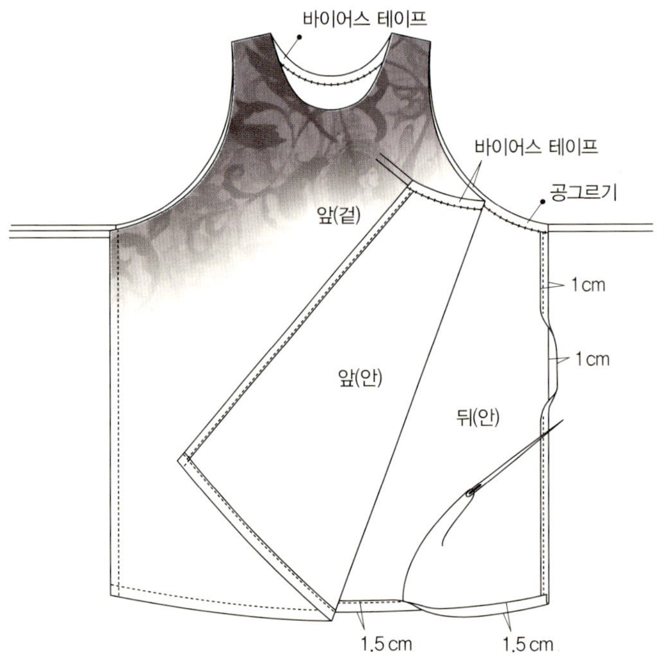

06 밑단 c는 시접을 3cm 남기고 두 번 접어 바느질합니다.

07 재단하고 남은 천 5×56cm를 4번 접어 끈을 만들어 답니다.

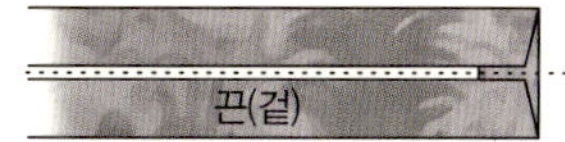

09 팔 진동둘레 d는 4cm 사선 바이어스 테이프로 바인딩한 후 바느질 선을 안쪽으로 꺽어 바느질합니다.

10 목둘레 e는 4cm 바이어스 테이프로 바느질한 후 8번과 같은 방법으로 마무리합니다.

11 시접은 바느질 선에서 꺽어서 안으로 접어 공그르기합니다.

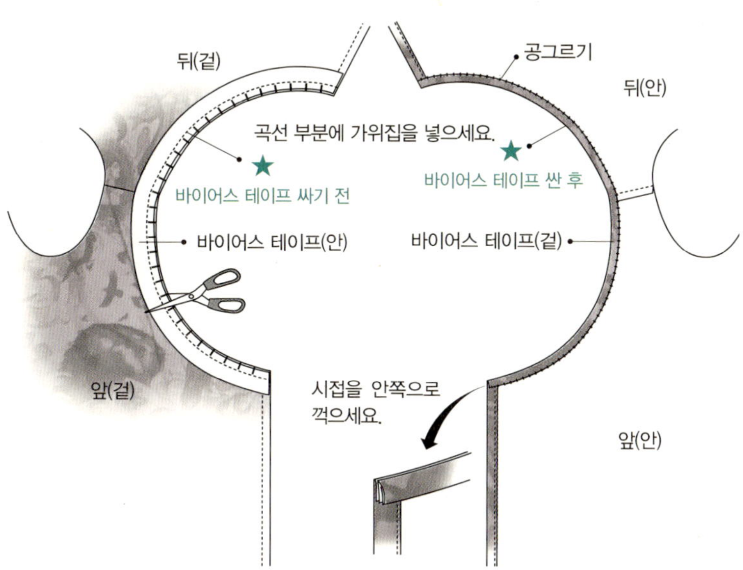

06
바이올렛
원피스

· 준비하기 ·

보라색 리넨: 250 × 110 cm

· 재단하기 ·

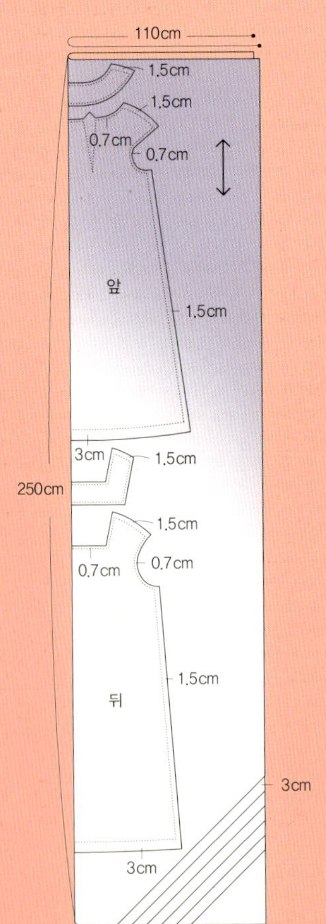

01 준비된 천에 실물본을 사용해서 패턴을 그립니다. 재단하기 그림을 참고하여 시접을 남기고 재단합니다.

02 목 둘레와 진동둘레를 제외한 부분을 재봉틀로 오버로크합니다.

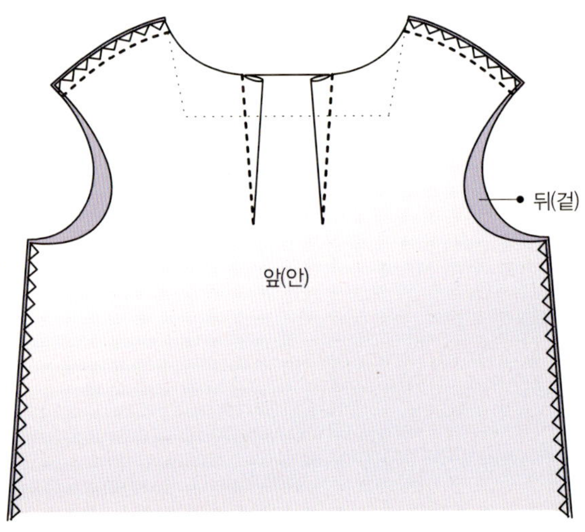

03 원피스 앞판의 다트를 바느질하고 시접을 중심 쪽으로 보냅니다.

04 어깨를 재봉틀로 직선박기로 바느질합니다.

05 목둘레 안단을 연결하고 원피스 목둘레를 바느질한 후 뒤집어 눌러 받아주고 어깨 시접 부분만
공그르기합니다.

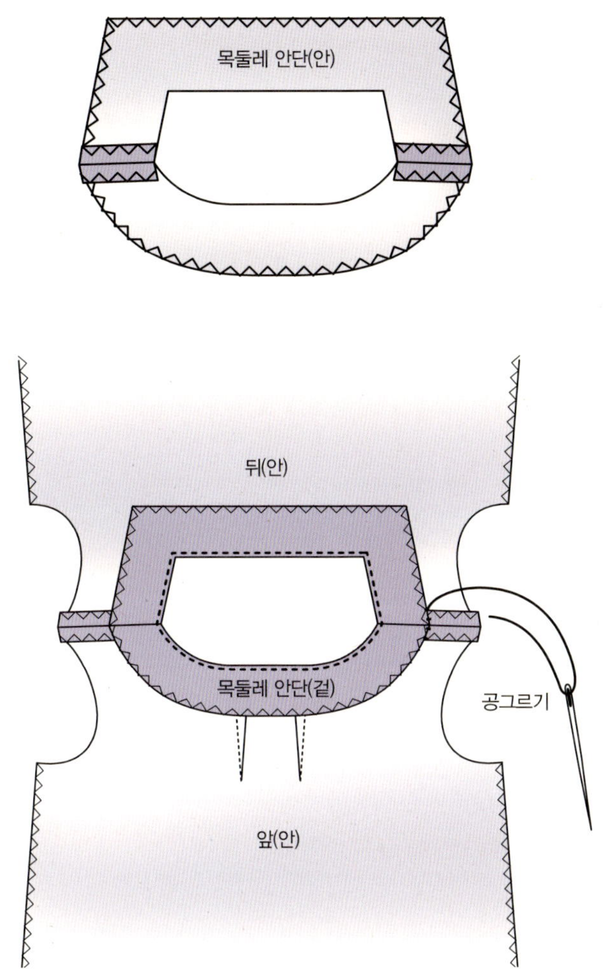

06 옆선을 재봉틀 직선박기로 바느질합니다.

07 치맛단을 3cm 접어 공그르기합니다.

08 소매 진동둘레를 바이어스 테이프로 정리하여 완성합니다.

블랙 원피스

· 준비하기 ·

중간 두께의 울:
150 × 150 cm
패치워크 원단: 95 × 3.5 cm

· 재단하기 ·

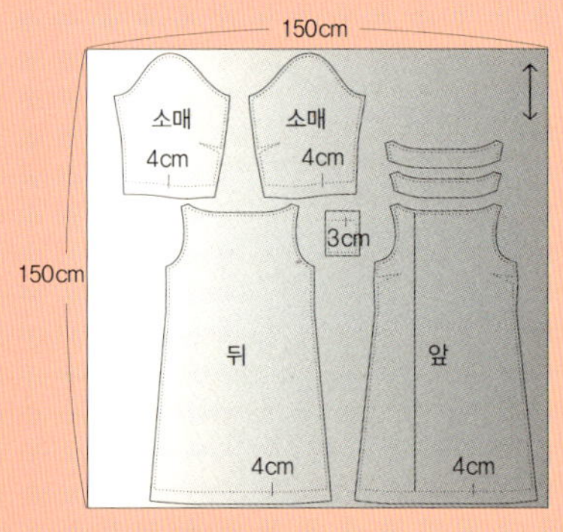

01 준비된 천에 실물본을 사용해서 패턴을 그립니다. 재단하기 그림을 참고하여 시접을 남기고 재단합니다.

02 조각 천을 연결하고 진동둘레와 소매산을 제외하고 다른 부분은 모두 오버로크합니다.

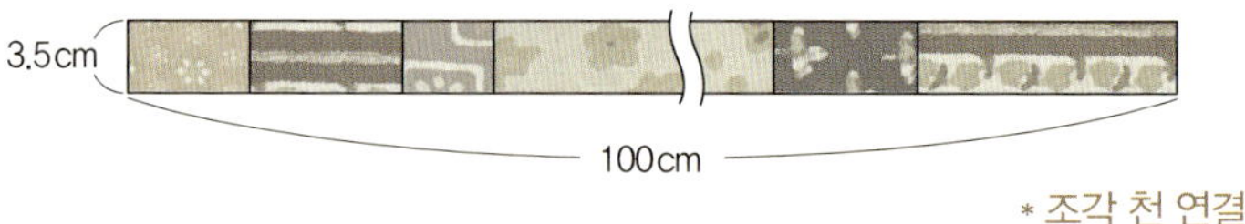

03 원피스 앞판의 다트를 바느질하고 시접은 아래로 내립니다.

04 원피스 앞판의 절개선에 2번의 완성된 패치워크 조각 천을 연결합니다.

05 주머니를 만들어 왼쪽 가슴에 달아준 후 비즈로 장식합니다.

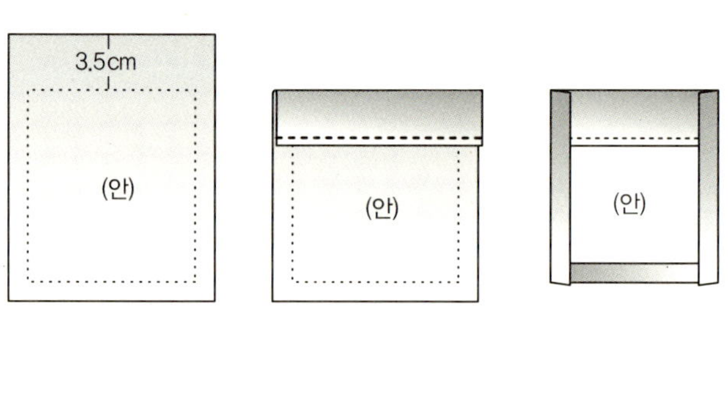

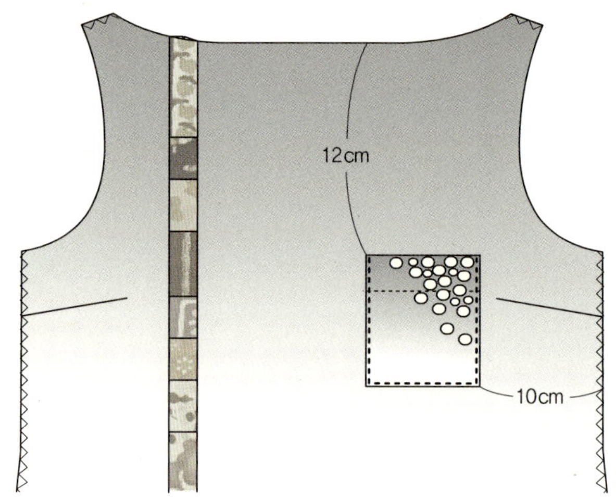

06 원피스 앞과 뒤의 어깨를 연결합니다.

07 목둘레 안단을 연결하고 원피스 목둘레에 바느질한 후 뒤집어 눌러 바느질하고 안쪽에서 공그르기합니다.

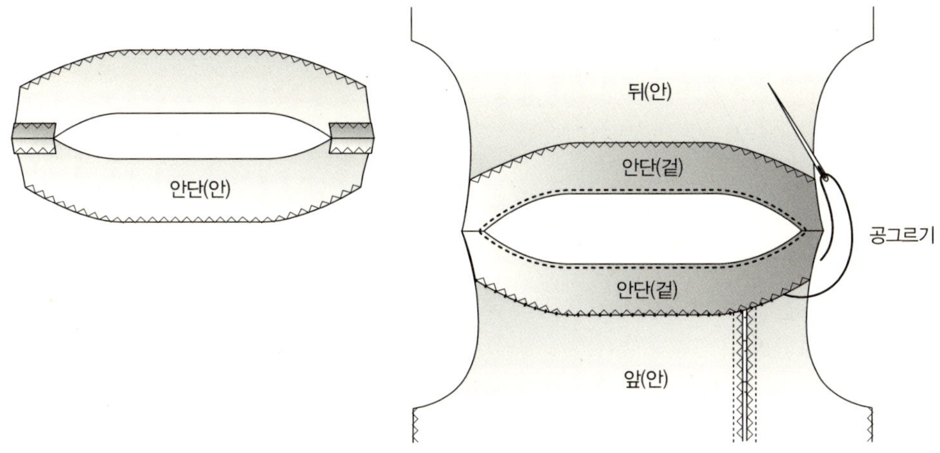

08 원피스의 옆선을 재봉틀 직선박기로 바느질합니다.

09 소매의 다트를 바느질한 후 옆선을 재봉틀 직선박기로 바느질하고 소매단을 공그르기합니다.

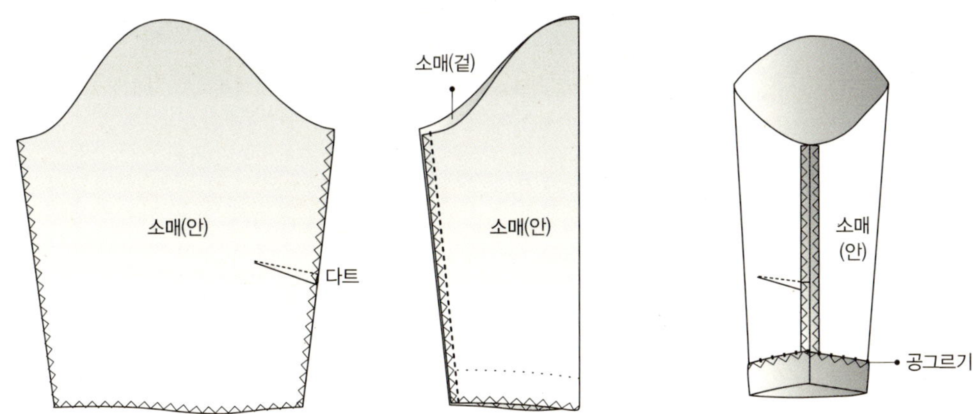

10 원피스 어깨 진동둘레에 소매를 달아 완성합니다.

08
청 크레이지
요크 원피스

· 준비하기 ·

청 원단: 260 × 112 cm
접착심: 60 × 90 cm
크레이지 원단

· 재단하기 ·

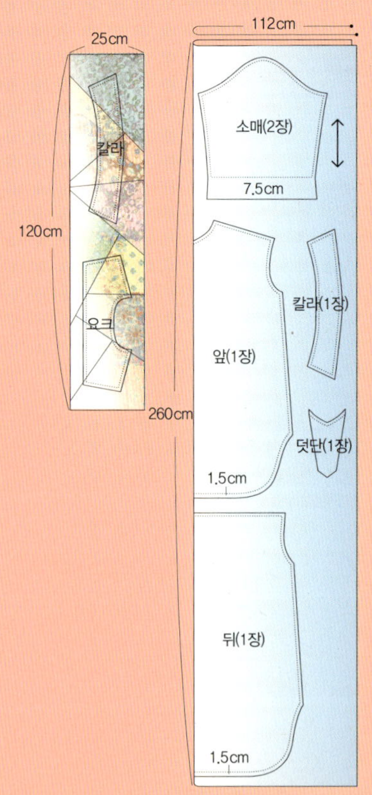

01 청 원단에 실물본을 사용해서 패턴을 그린 후 재단하기 그림을 참고하여 시접을 남기고 재단합니다.

02 원단을 재단하기 그림처럼 자유롭게 연결하여 크레이지 원단을 만들고 뒷면에 접착심을 붙이고 컬러 1장과 뒷부분 요크를 재단합니다.

03 컬러와 진동둘레, 소매산을 제외한 부분에 오버로크합니다.

04 앞부분 덧단에 접착심을 붙이고 원피스 앞트임 부분에 겉면끼리 마주대고 미리 그려 놓은 봉제선을 홈질한 후 시접을 0.5cm만 남기고 정리한 후 뒤집어 놓습니다.

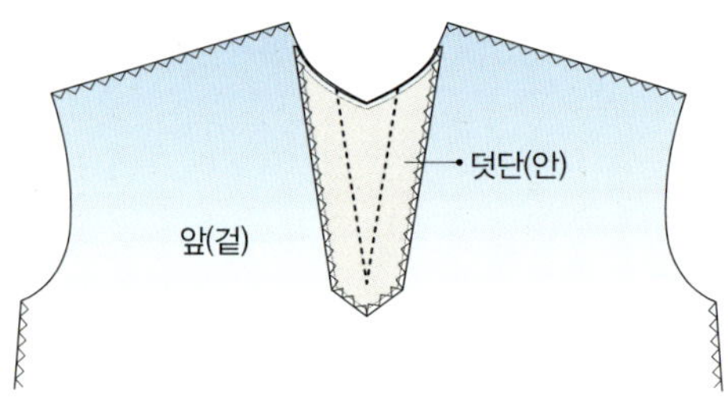

05 원피스 뒤판과 앞판의 어깨 부분에 셔링을 잡습니다. *재봉틀의 바늘땀을 최대치로 놓고 박은 후 밑실을 당겨 셔링을 만듭니다.

06 5번에서 완성한 앞판과 뒤판 사이에 요크를 연결하고 원피스 겉감 쪽에서 눌러 바느질합니다.

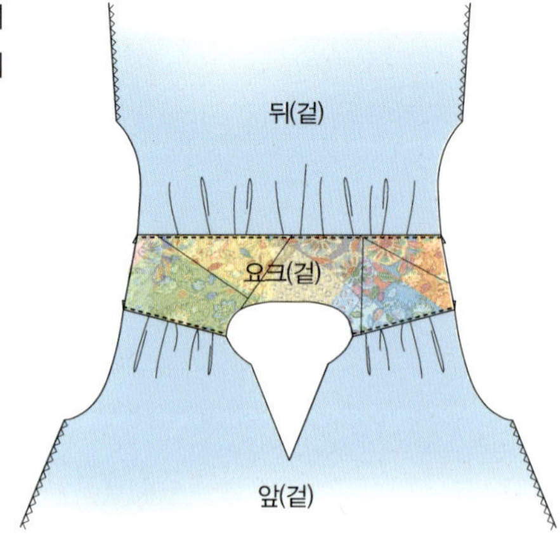

07 접착심을 붙인 컬러의 겉감(크레이지 원단)에 두 장을 겉끼리 박아 뒤집어 원피스의 목둘레에 맞추어 겉감(크레이지 원단)만 홈질하고 원피스 안쪽에서 안감(청 원단)을 공그르기합니다.

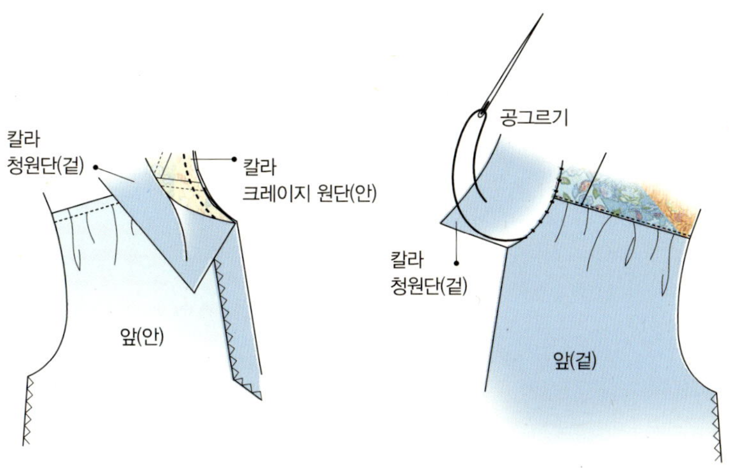

08 원피스의 밑단을 1.5cm 말아서 바느질합니다.

09 소매의 단을 7.5cm 접어 박아 놓고 원피스의 진동 둘레와 소매산을 홈질로 바느질합니다.

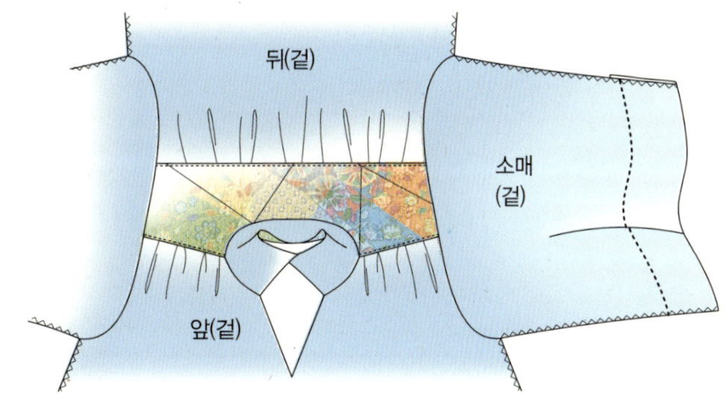

10 원피스의 옆선과 소매 옆선을 재봉틀 직선박기로 바느질 하여 완성합니다.

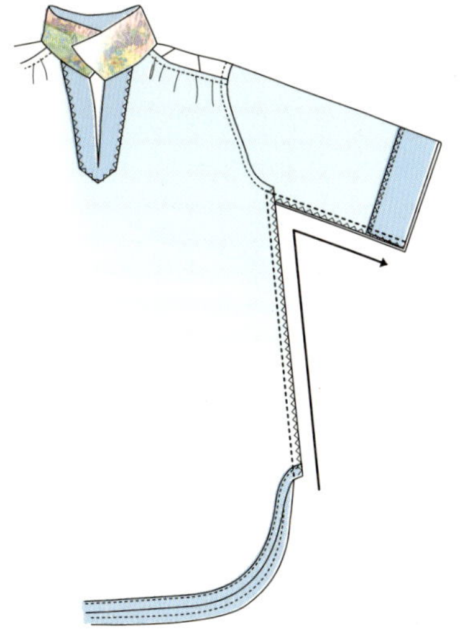

옷 만들기

여러 가지 상의와 하의를 만들어보아요.
편안한 느낌의 옷부터 격식 있는 옷까지 모두 만들 수 있어요.

09

핀턱
블라우스

· 준비하기 ·

얇은 두께의 면: 220 × 110 cm
얇은 리넨이나 실크도 추천

· 재단하기 ·

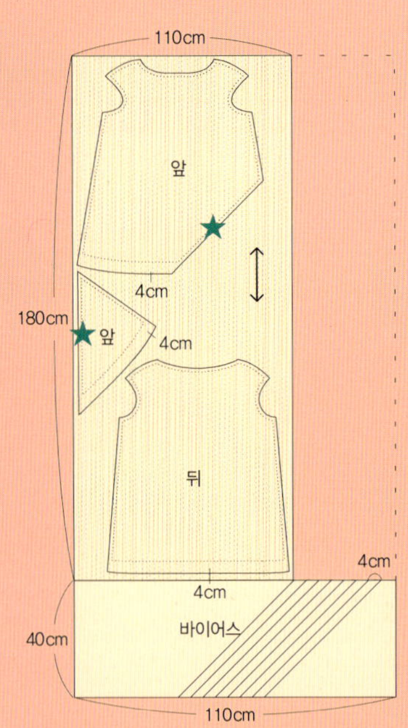

★ 표시 부분을 서로 맞춰주세요.

01 원단을 160×110cm로 잘라 자유롭게 핀턱 주름을 잡아 놓고 재단하고 목둘레와 진동둘레를 제외하고 오버로크합니다. 핀턱 주름은 핀턱 노루발을 사용하지 않고 자유롭게 치수를 정해 접어서 재봉틀로 직선박기 합니다.

02 블라우스 앞면의 끝자락을 연결합니다. 사선인 끝자락 부분만큼은 핀턱의 방향을 바꿔 재단한 후 재봉틀 직선박기로 바느질합니다.

03 블라우스 앞판과 뒤판의 어깨를 재봉틀 직선박기로 연결합니다.

04 옆선도 재봉틀 직선박기로 바느질합니다.

05 밑단을 4cm 접어 바느질합니다.

06 밑목둘레와 진동둘레를 바이어스 원단으로 바느질하고 안쪽에서 공그르기하여 완성합니다. 4cm 폭의 바이어스로 1.5cm 정도입니다.

10

언발란스
블라우스

· 준비하기 ·

면, 리넨
110 cm × 150 cm

· 재단하기 ·

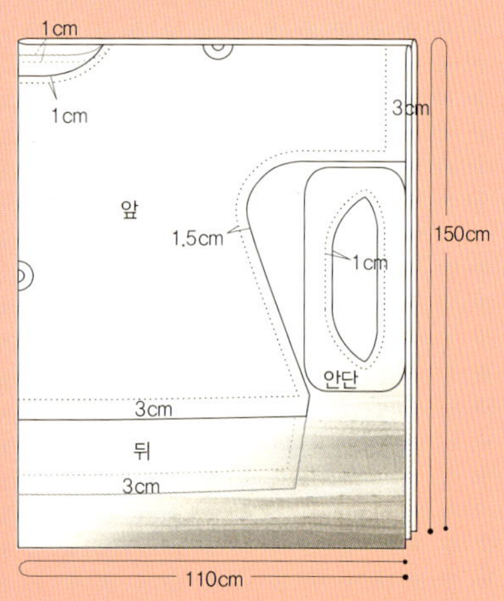

01 실물본을 사용해서 원단을 세로로 반 접고, 가로로 반을 접은 상태에서 재단하기 그림을 참고하여 시접을 남기고 재단합니다.

02 목둘레 안단도 재단합니다. * 재단하기 그림 참고

03 목둘레와 소매 끝, 아랫단을 빼고 안단과 옆을 재봉틀로 오버로크합니다.

04 옆선은 소매로부터 한번에 홈질로 바느질합니다.

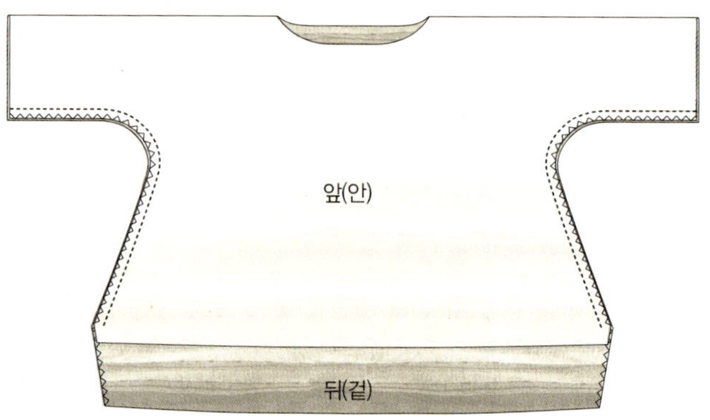

05 안단과 겉감을 나란히 놓고 바느질합니다.
앞, 뒤의 아랫단은 1.5cm로 한 번 접어서
홈질로 바느질합니다.

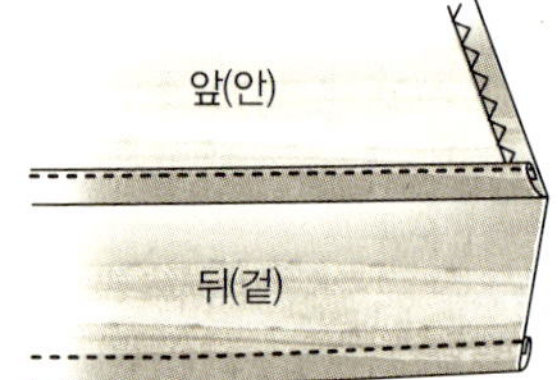

06 목둘레 안단은 겉감과 나란히 놓고 홈질로 바느질합니다.

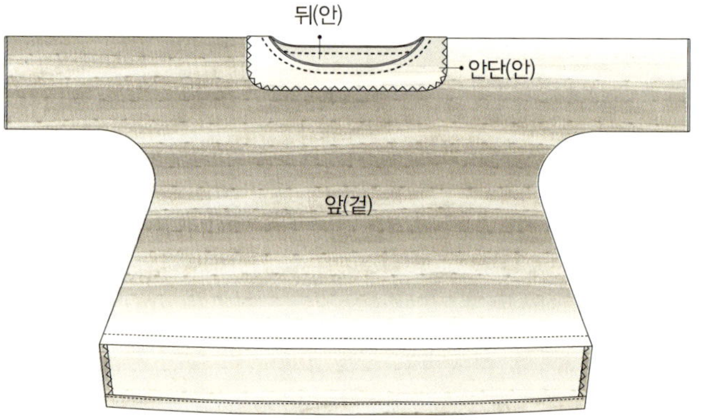

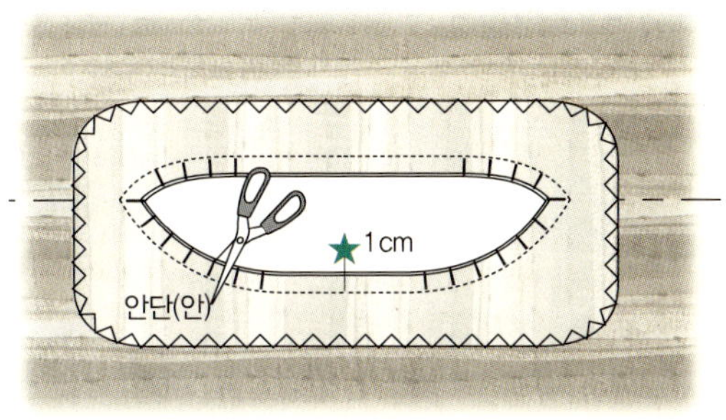

07 목둘레를 바느질한 것을 그림과 같이 들어간 곡선 시접 1cm
정도 부분은 가위집을 냅니다.

08 겉감만 빼고 시접과 안단을 0.2cm정도 떨어진 위치에서 한 번 눌러 바느질합니다.

09 소매단, 아랫단은 1.5cm 정도 한 번 접어서 홈질로 바느질합니다.

10 목둘레 안단 끝은 공그르기로 마무리합니다.

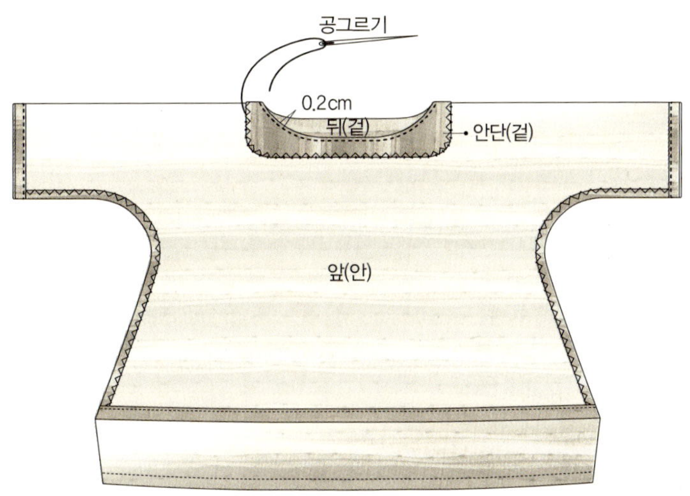

11 다림질하여 정리해서 마무리합니다.

11
러블리한
조끼

· 준비하기 ·

면, 리넨 종류의
체크 원단: 110cm × 200cm

· 재단하기 ·

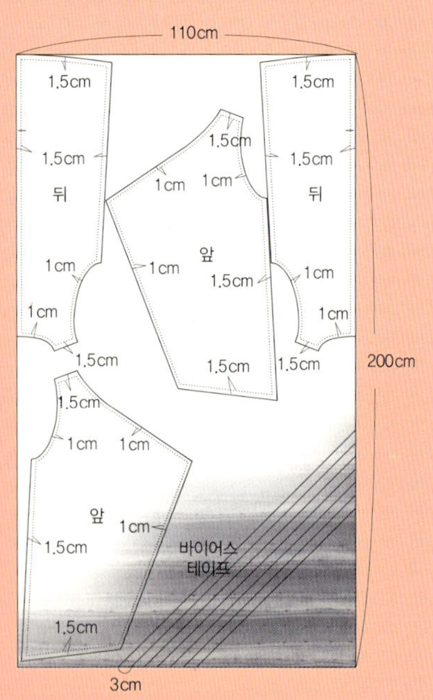

01 실물본을 사용하여 그림처럼 앞뒤를 각각 2장씩 시접을 남기고 재단합니다.

02 어깨와 옆선을 오버로크합니다.

03 뒤판 중심을 트임 부분을 빼고 위에서 아래까지 연결합니다.

04 연결한 뒤판 목둘레 안단을 속으로 싸는 바이어스로 공그르기하여 바느질합니다.

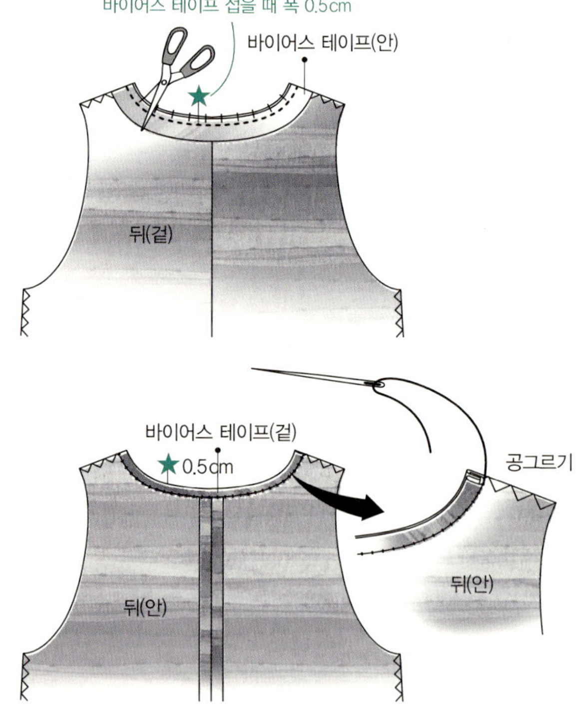

05 앞뒤를 겉과 겉이 마주보게 놓고 어깨를 재봉틀 직선박기로
바느질합니다.

06 앞뒤 옆선을 재봉틀 직선박기로 바느질합니다.

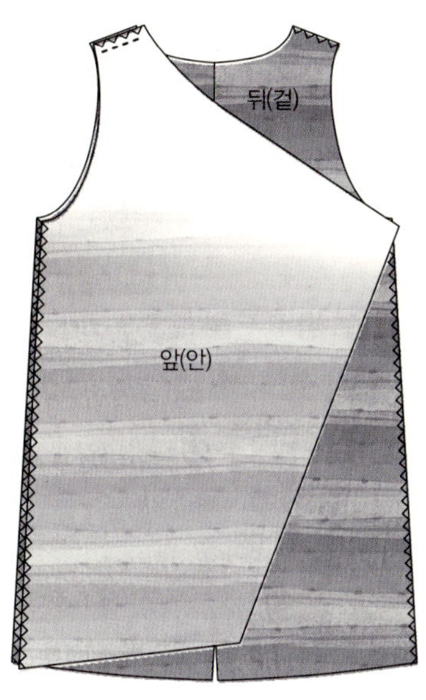

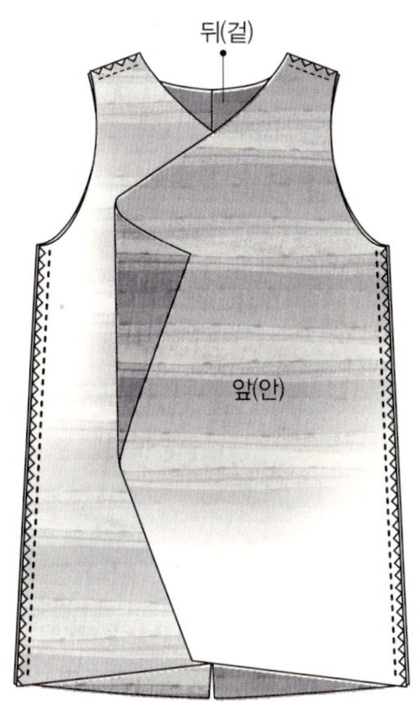

07 어깨와 옆선은 가름솔합니다.

08 진동둘레는 4번처럼 속으로 싸는 바이어스 테이프를 공그르기하여 바느질합니다.

09 앞의 여밈 부분은 0.5cm 정도로 한 번 접어서 공그르기합니다.

10 뒤트임 부분과 아랫단도 0.5cm 정도로 한 번 접어서 공그르기합니다.

11 완성된 조끼는 다림질하여 마무리합니다.

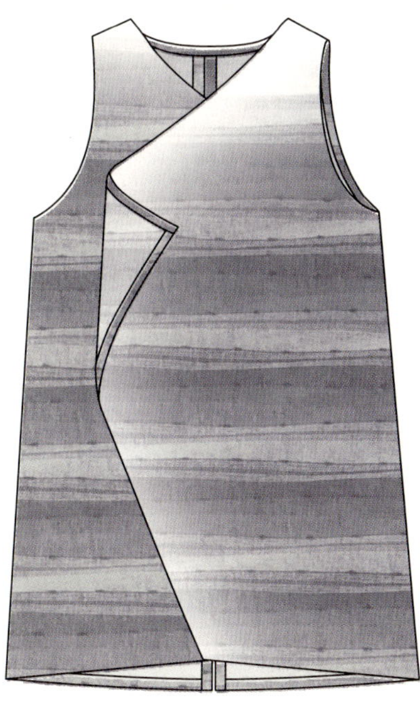

12
가디건 코트

· 준비하기 ·

사끼조메 체크 원단
110 × 225cm

· 재단하기 ·

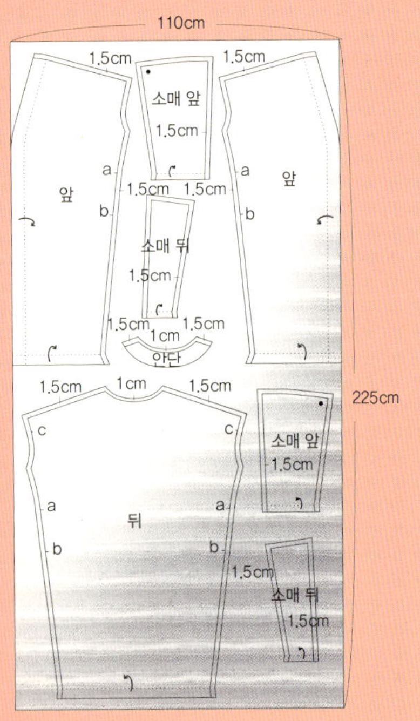

01 앞판 2장과 뒤판 1장을 실물본을 사용해서 그립니다. 재단하기 그림을 참고하여 시접을 1.5cm 남기고 재단합니다.

02 소매 2장을 앞부분을 표시하면서 그리고, 시접을 1.5cm 남기고 재단합니다.

03 뒤의 목 안단을 실물본을 사용해서 그리고 시접을 1.5cm 남기고 재단합니다.

04 뒤판에 뒤 목 안단을 바느질 선에 맞춰서 재봉틀 직선박기로 바느질합니다.

05 뒤판에 앞 어깨를 양쪽에 재봉틀 직선박기로 바느질합니다.

06 e 부분도 재봉틀 직선박기로 바느질해서 연결합니다.

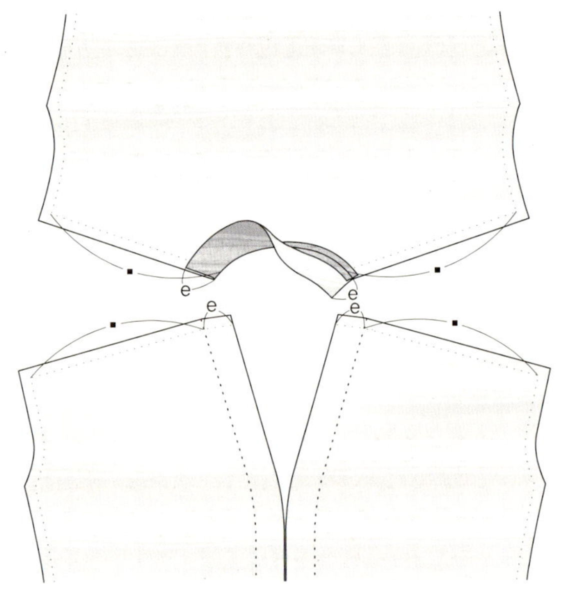

07 팔의 앞뒤를 연결합니다. 어깨에 팔을 연결할 때 뒤판에 있는 소매를 붙이는 곳인 c와 팔을 연결한 d를 맞춰서 재봉틀 직선박기로 바느질합니다.

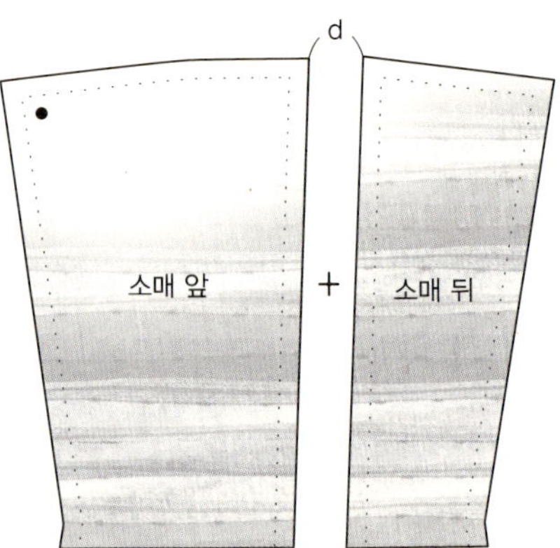

08 a〜b까지 한 번에 옆선을 재봉틀 직선박기로 연결합니다.

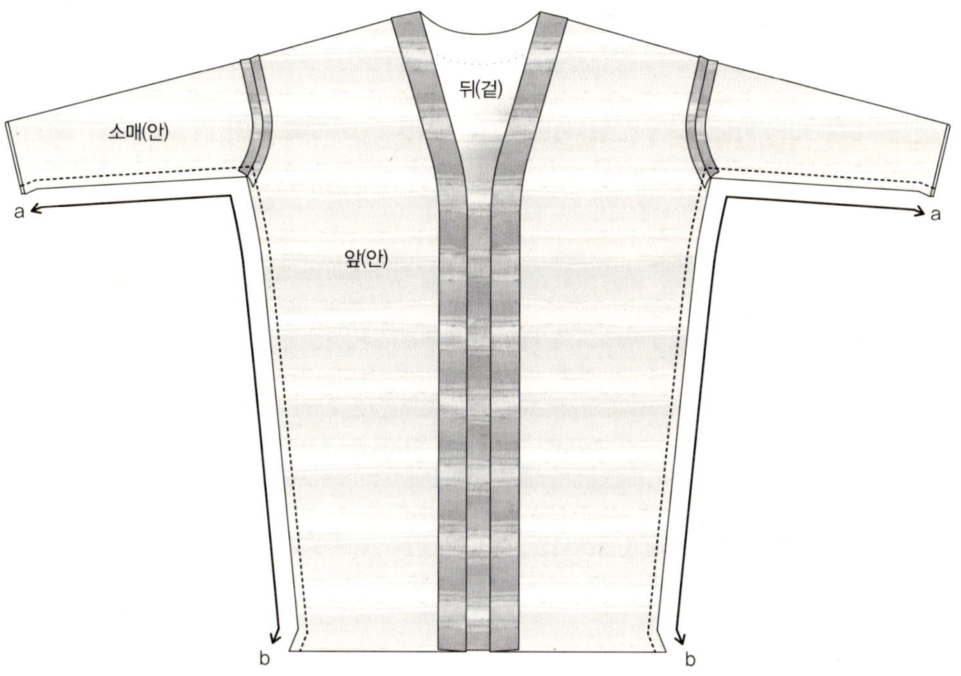

09 밑단은 앞단을 1.5cm 접어서 먼저 바느질합니다.

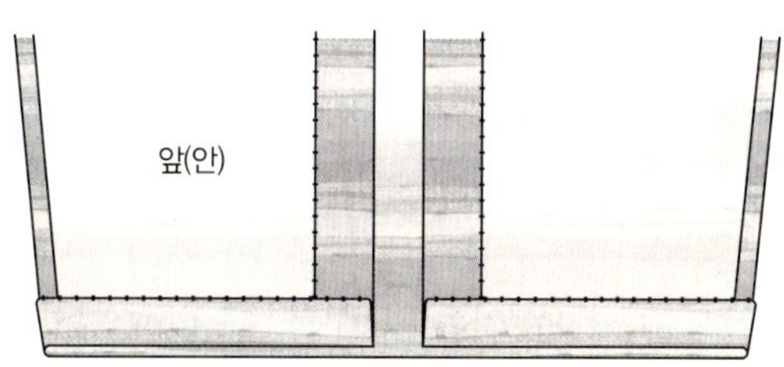

10 앞단, 밑단, 소매단을 다림질하여 누릅니다.

11 정리된 단을 모두 공그리기로 마무리합니다.

12 다림질하여 정리해서 마무리합니다.

13
귀여운 큐롯

S 사이즈 – 얇은 두께의 청 원단:
190 × 115 cm
M 사이즈 – 얇은 두께의 청 원단:
200 × 115 cm
L 사이즈 – 얇은 두께의 청 원단:
210 × 115 cm

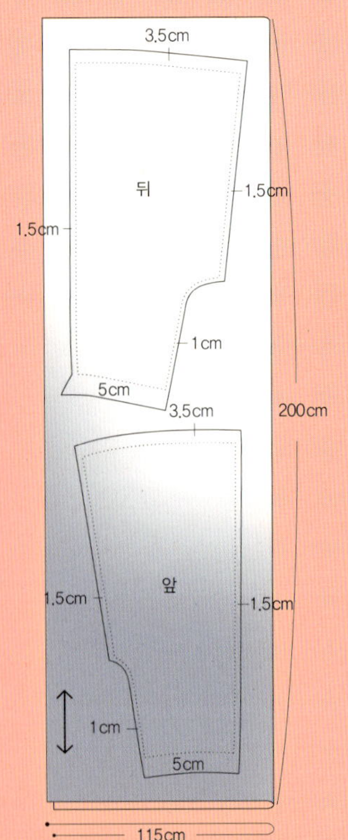

01 준비된 천에 실물본을 사용해서 패턴을 그립니다.

02 재단하기 그림을 참고하여 각각 시접을 남기고 재단합니다.

03 오버로크로 시접을 정리합니다.

04 그림처럼 오른쪽을 재봉틀 직선박기로 바느질합니다. 같은 방법으로 왼쪽도 바느질합니다.

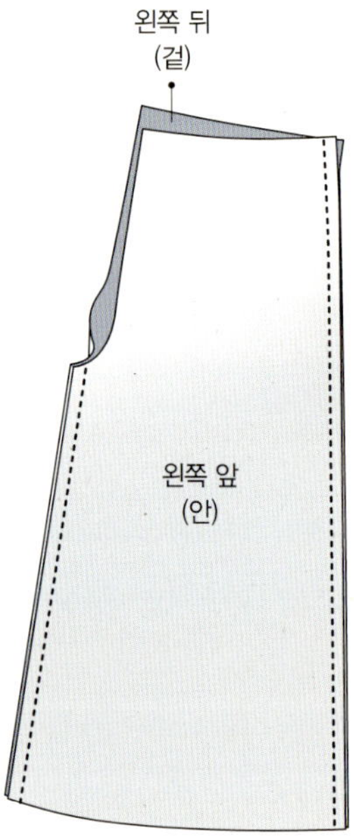

05 바지단을 3.5cm 접어서 바느질합니다.

06 오른쪽 바지 안으로 왼쪽의 바지를 넣어 그림처럼 연결합니다.

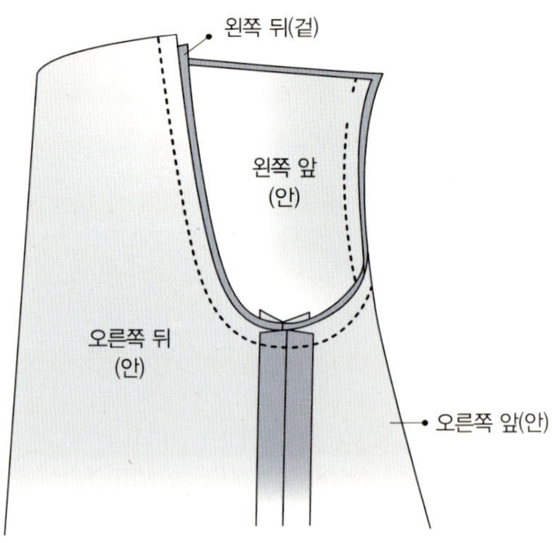

07 고무줄을 넣을 수 있게 그림처럼 앞 솔기부분을 창구멍으로 남기고 5cm 정도 시접의 끝부분을
     말아서 재봉틀 직선박기로 바느질합니다.

08 고무줄을 넣어 완성합니다.

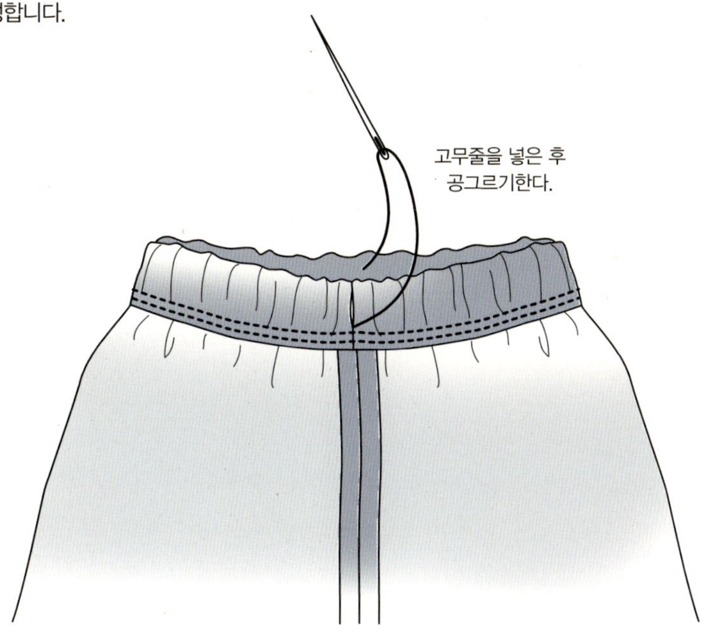

롱 랩 스커트

· 준비하기 ·

무늬가 단순한
100% 코튼: 110 × 225cm
바이어스: 5 × 300cm

· 재단하기 ·

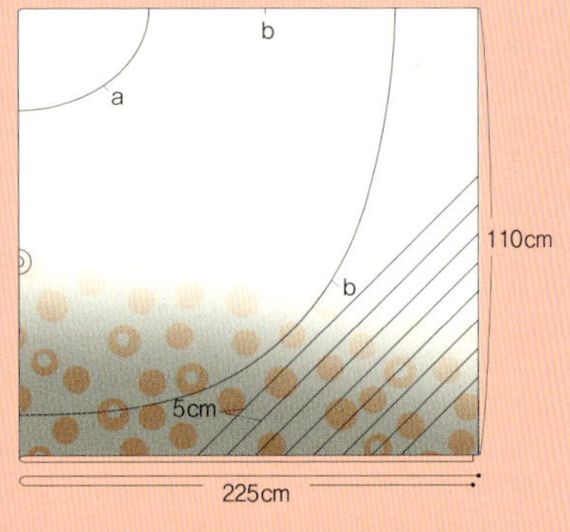

01 준비된 천에 실물본을 사용해서 패턴을 그립니다.

02 a선은 시접 없이 자르고 b선은 시접을 2cm 남깁니다.

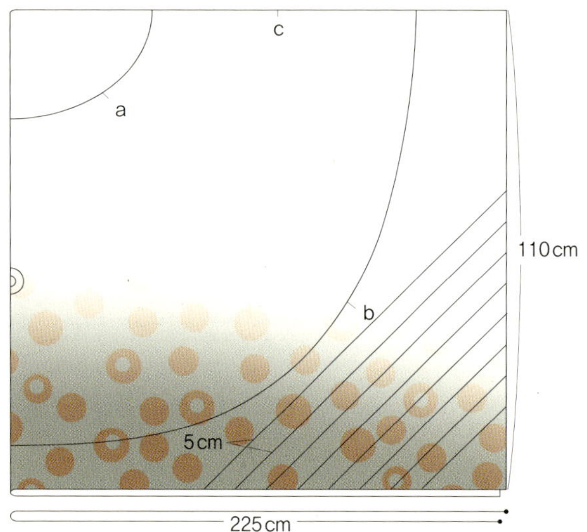

03 c 부분은 1cm로 두 번 접어 재봉틀로 직선박기 바느질합니다.

04 스커트 밑단인 b선도 1cm로 두 번 접어 재봉틀로 직선박기 바느질합니다.

05 5cm 폭으로 재단한 바이어스를 300cm가 되도록 연결하여 허리 부분부터
공그르기로 바이어스한 후 양쪽 끈도 4번 접어 재봉틀로 직선박기 바느질합
니다.

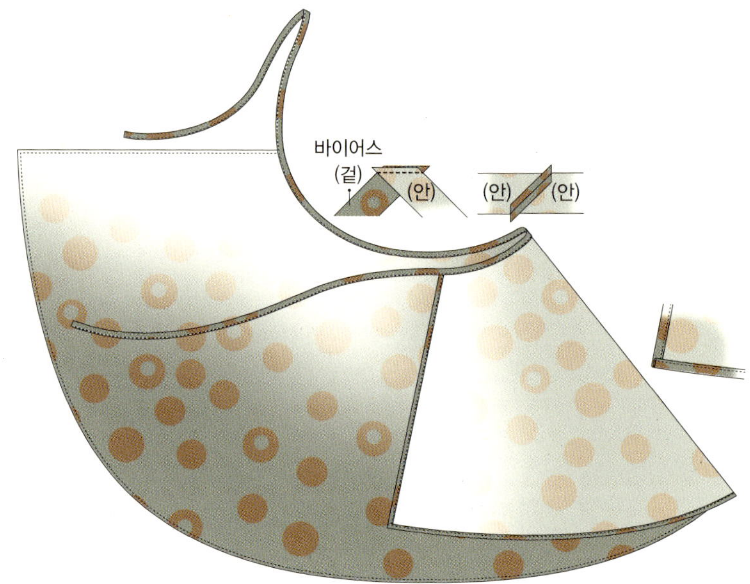

15
조각 랩 스커트

· 준비하기 ·

안감: 1.5단
겉감: 패치용으로 사용할
천 20가지, 5 × 44 inch
스냅단추, 수실

· 재단하기 ·

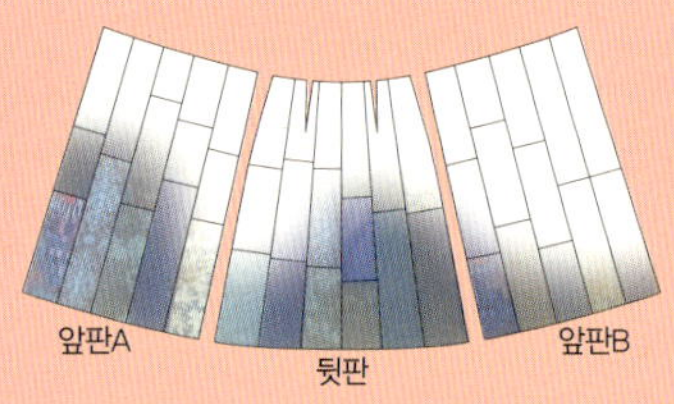

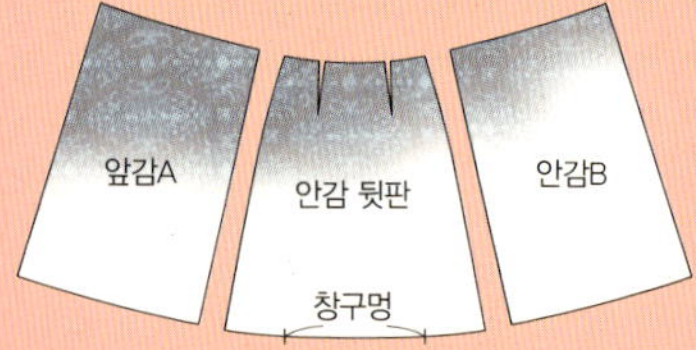

01 안감에 실물본을 사용해서 패턴을 그립니다.

02 시접을 1cm 남기고 재단한 다음 안감 A+안감 뒤+안감 B를 차례로 바느질합니다.

03 실물본으로 앞판 A, B와 뒤판을 패치워크합니다.

04 그림과 같이 앞판 A+뒤판+앞판 B를 연결합니다.

05 다트 선을 홈질로 바느질합니다.

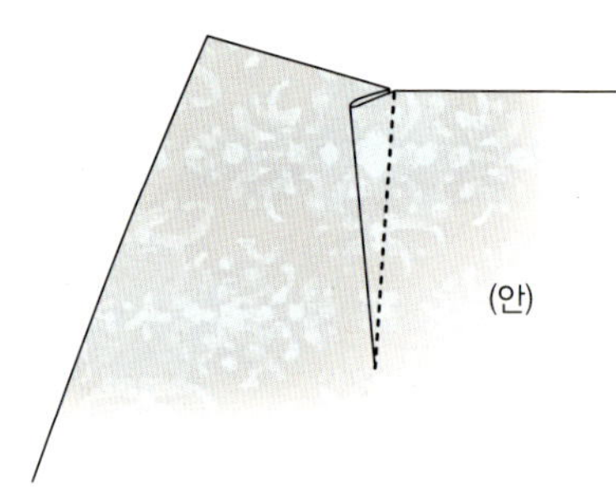

06 겉과 안이 서로 마주보게 놓고 바느질 선을 맞추어 창구멍만 남기고 재봉틀 직선박기로 바느질합니다.

07 창구멍을 통해 뒤집습니다. 창구멍은 안감 A와 안감 뒤판 사이의 옆 부분에 내어도 괜찮습니다.

08 다림질을 합니다.

09 겉감에서 0.7cm 떨어진 곳에 수실로 스티치를 합니다.

10 허리선에 맞춰서 스냅단추를 답니다.

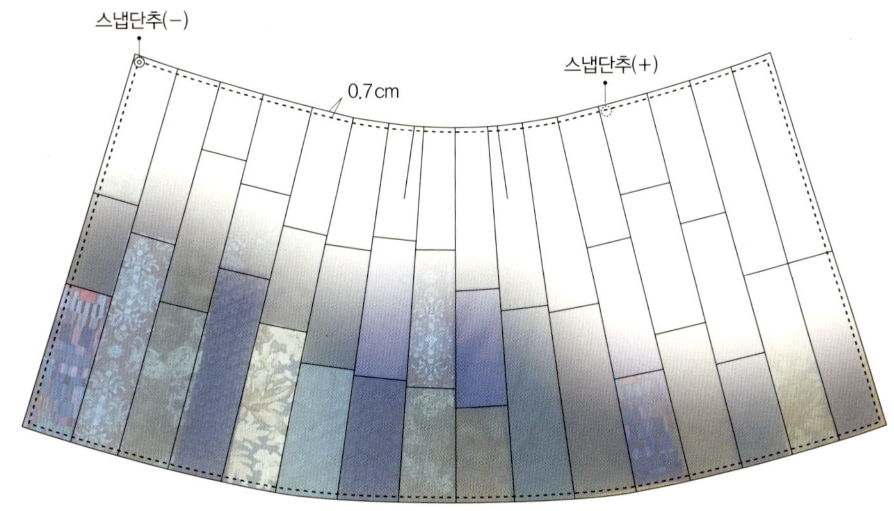

Part 6

가방과 소품 만들기

한땀 한땀 정성 들여 만든 퀼트 가방과 소품으로 나만의 분위기를 만들어보세요.
소중한 분들에게 선물로도 좋아요.

16
아플리케가 멋진 숄더 에코백

· 준비하기 ·

완성 사이즈: 45 × 36 cm,
30 × 36 cm
겉감 코튼 100%: 95 × 100 cm
아플리케 원단: 약간
안감: 95 × 60 cm
면 끈: 80 cm
어깨 끈: 1개

· 재단하기 ·

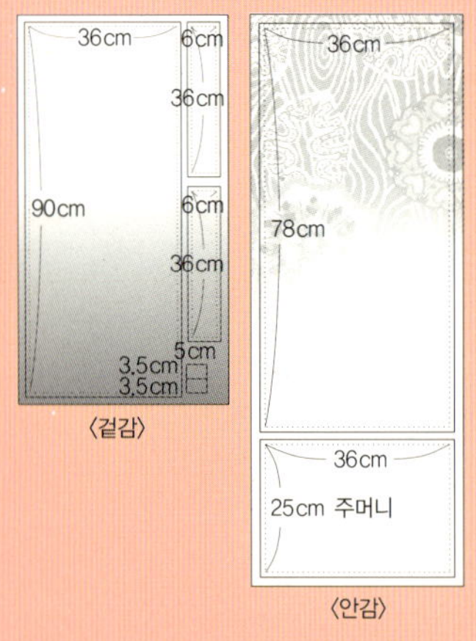

01 겉감은 90×36cm로 시접을 1cm 남기고 재단합니다. 안에 붙일 안감을 36× 6cm 2장, 고리용으로 3.5cm×5cm 2장을 재단합니다.

02 안감은 78×36cm로 시접을 1cm 남기고 재단하고, 속주머니는 25×36cm로 시접을 1cm 남기고 재단합니다.

03 안감에 안단을 재봉틀 직선박기로 연결합니다.

04 속주머니를 만들어서 답니다. 실물본을 대고 속주머니를 그린 후 시접을 1cm 남기고 재단합니다. 속주머니는 창구멍을 남기고 바느질한 후 뒤집어서 창구멍은 공그르기로 막습니다.

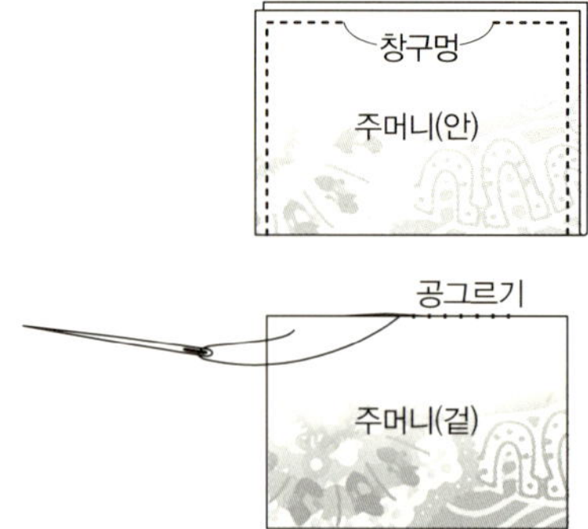

05 겉감에 실물본을 사용해서 만든 아플리케를 공그르기로 답니다. 본인
   이 원하는 위치에 달면 됩니다. 책에서는 아랫쪽에 달았습니다.

06 고리용으로 겉감에서 사용하고 남은 2장을 5×3.5cm로 재단해서 접
   어서 홈질로 바느질하여 고리를 만듭니다.

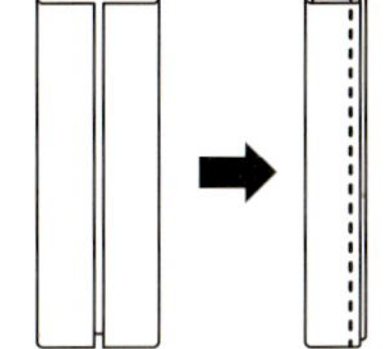

07 겉감의 가방 위에 면 끈의 위치를 그림처럼 잡아 시침질하여 달고 고
   리도 시침질하여 답니다.

08 겉감은 반 접어서 양쪽 옆선을 재봉틀 직선박기로 바느질합니다.

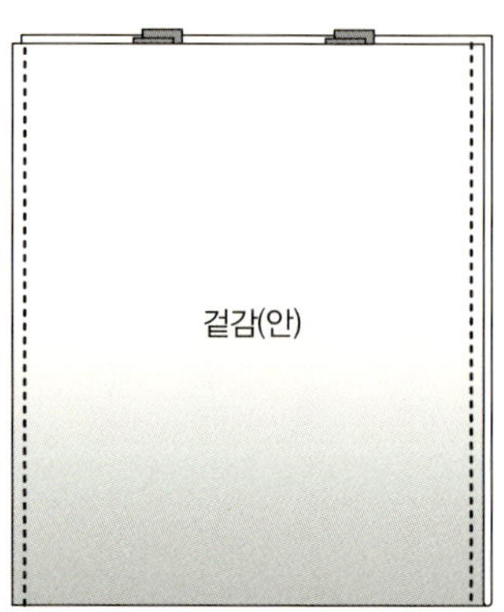

09 안감도 8번처럼 옆선을 재봉틀 직선박기로 바느질합니다. 이때 한쪽
에 창구멍을 남깁니다.

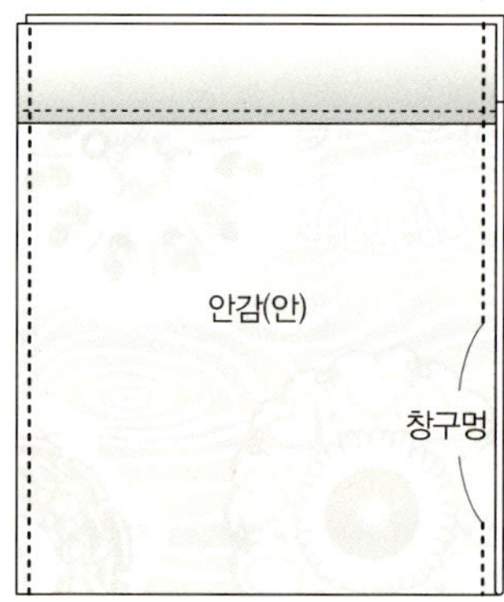

10 겉감과 안감을 끼워 넣고 윗부분을 재봉틀로 직선박기로 바느질합니
다. 겉과 겉이 마주보게 놓고 바느질합니다.

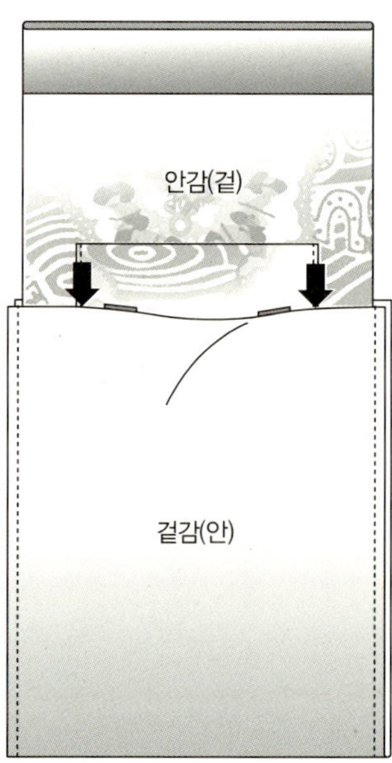

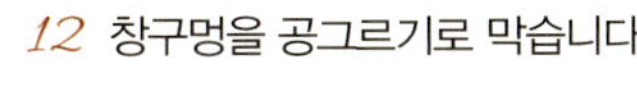
11 안감의 창구멍으로 가방을 뒤집습니다.

12 창구멍을 공그르기로 막습니다.

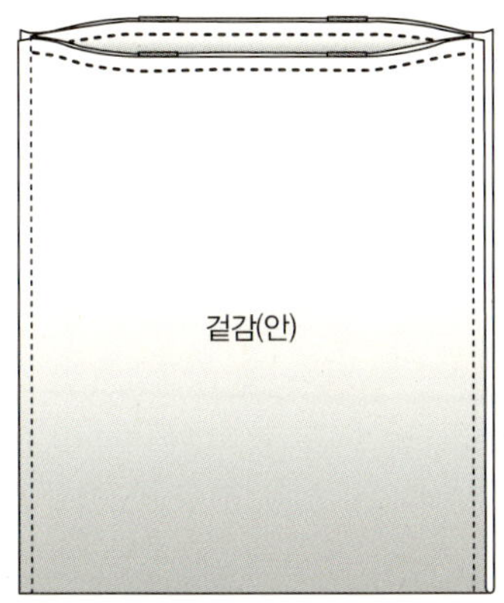

13 1cm 정도 떨어진 곳에 한 번 더 홈질로 바느질해서 마무리합니다.

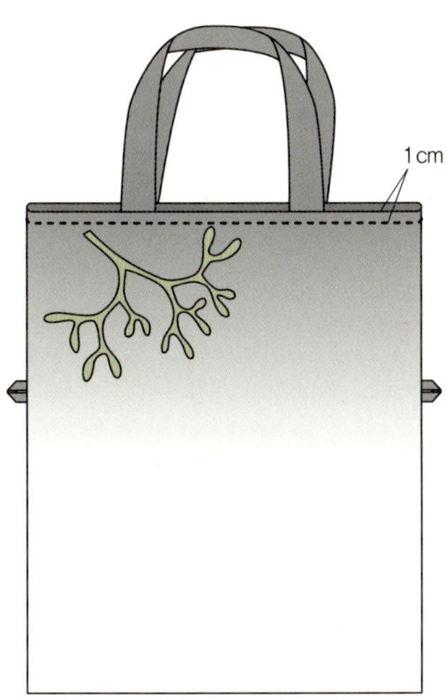

14 어깨 끈을 고리에 달아서 옆으로 메고 다녀도 좋습니다.

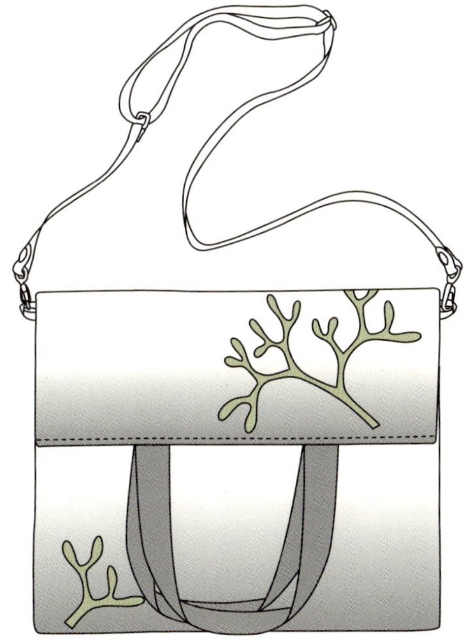

17
스트라이프
클러치백

완성 사이즈: 35 × 25 cm
뒷면 천: 40 × 30 cm
조각 천: 9 × 30 cm 8장
지퍼: 35 cm
테슬, 손잡이

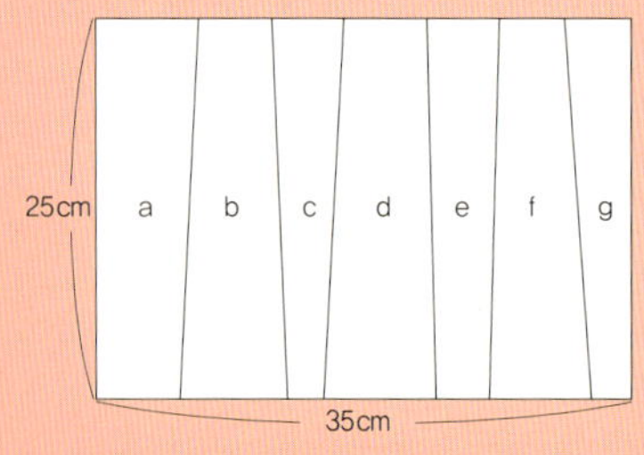

01 35×25cm의 실물본을 사용해서 뒷면 천에 패턴을 그립니다.

02 시접은 0.7cm 남기고 재단합니다.

03 차례대로 겉감의 실물본대로 패턴을 준비합니다.

04 a∼g까지 실물본을 뒤집어서 번갈아가며 준비된 천에 그립니다.

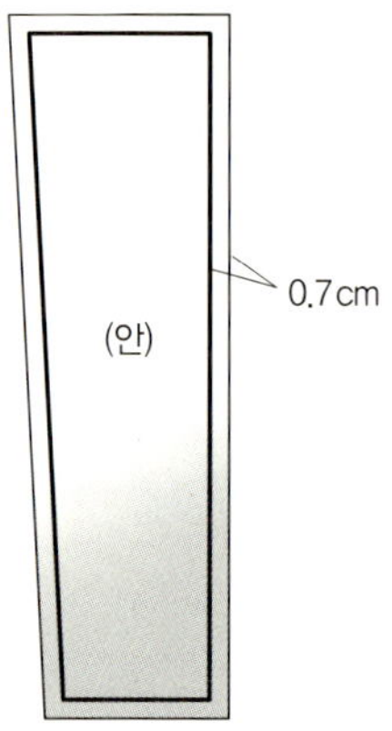

05 시접은 0.7cm 남기고 재단합니다.

06 a∼g 순서대로 천을 홈질로 이어 앞면을 만듭니다.

07 솜+안감 겉+겉감 겉을 순서대로 놓고 바느질 선에 따라 재봉틀로 직선박기로
바느질하고 솜을 자른 후 창구멍으로 뒤집습니다.

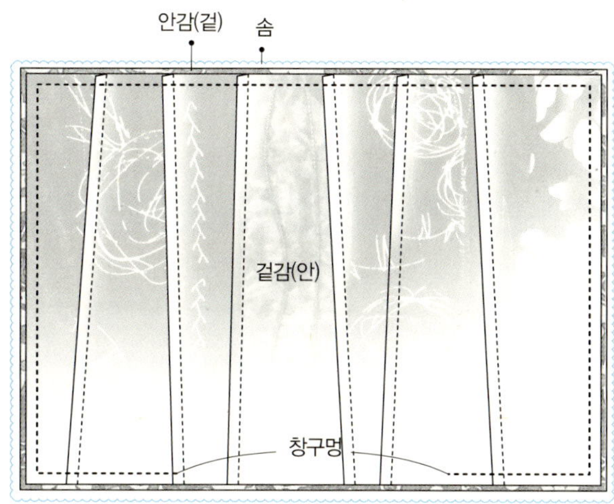

08 겉면과 뒷면을 자유롭게 퀼팅합니다.

09 뒷면 위쪽에 끈을 틀어서 고정합니다.

10 겉면과 뒷면을 이중 감침질합니다.

11 지퍼를 달아 마무리하고 테슬을 답니다.

18
접는 클러치백

· 준비하기 ·

완성 사이즈: 32 × 18 cm
본체: 모아레 천 35 × 50 cm
6가지 실크 천: 약간씩
여러 가지 레이스: 약간씩
안감: 35 × 65 cm
솜: 35 × 60 cm
지퍼: 30 cm

· 재단하기 ·

01 본체가 되는 모아레 원단은 32cm×46cm로 시접 1cm를 남기고 재단합니다.

02 6가지 실크를 실물본을 사용해서 시접 0.8cm를 남기고 재단해서 홈질로 연결합니다.

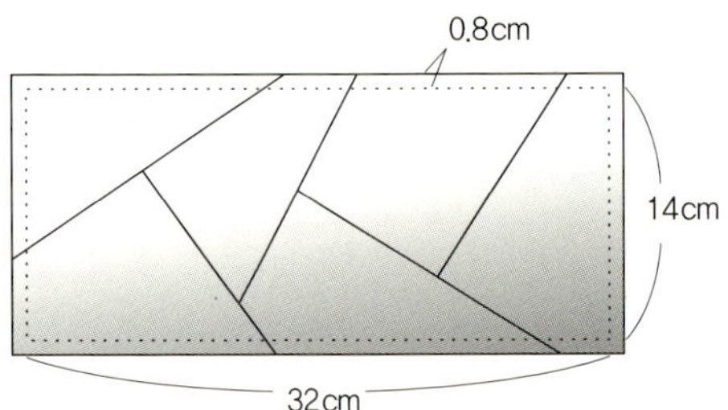

03 2번에서 연결한 부분에 레이스를 얹어서 홈질로 바느질합니다.

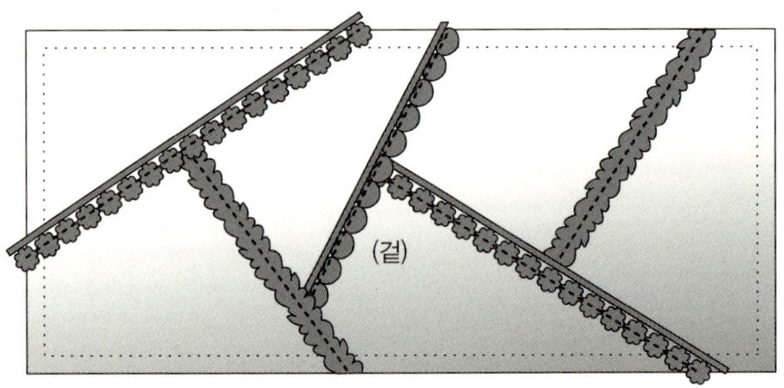

04 1번과 3번을 재봉틀 직선박기로 연결합니다.

05 솜＋안감＋본체를 놓고 창구멍을 남기고 재봉틀로 직선박기하여 바느질합니다.

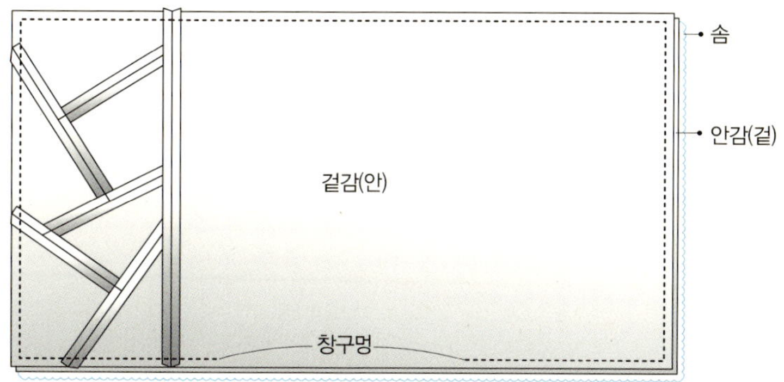

06 여분의 솜은 자릅니다.

07 창구멍으로 뒤집어서 공그르기하여
    창구멍을 막습니다.

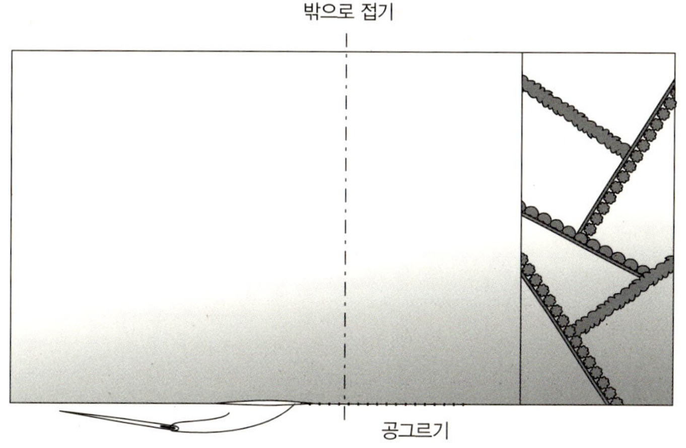

08 앞뒤를 자유롭게 퀼팅합니다.

09 반으로 접어서 옆면을 감침질한 후 공그르기로 연결합니다.

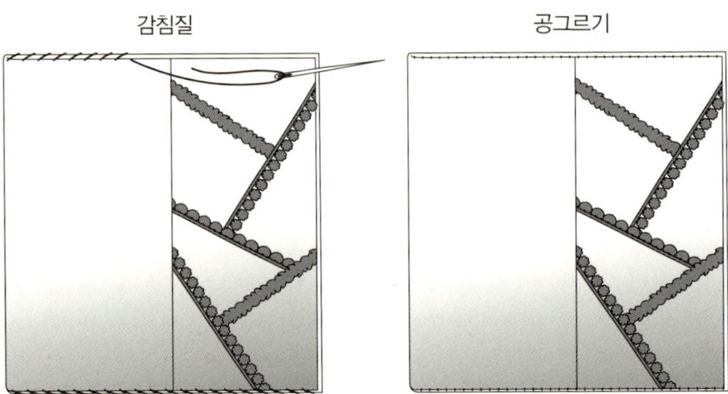

10 완성되면 공그르기로 지퍼를 답니다.

11 멋진 테슬을 달아 그림과 같이 접어서 듭니다.

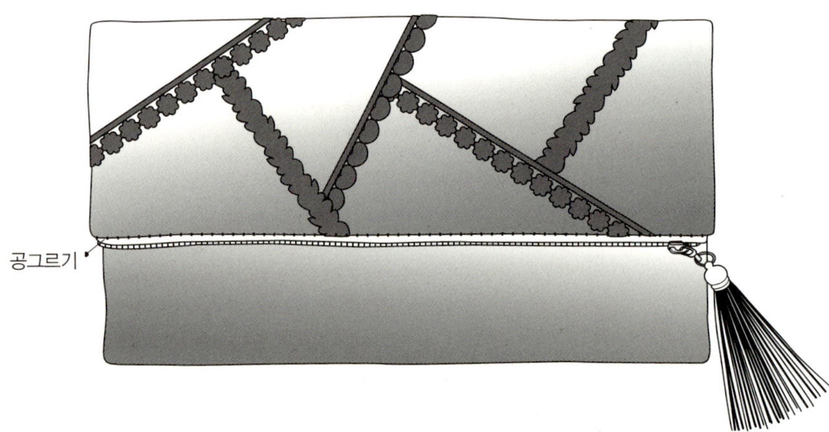

19
패치 클러치백
겸 맥북 파우치

· 준비하기 ·

완성 사이즈: 33 × 22cm
검은 선염 원단: 35 × 35cm
조각 천: 5 × 15cm(15장)
가죽 천: 5 × 35cm(1장),
5 × 15cm(2장)
퀼팅솜: 35 × 54cm
바이어스 테이프: 1 × 130cm
자석단추

· 재단하기 ·

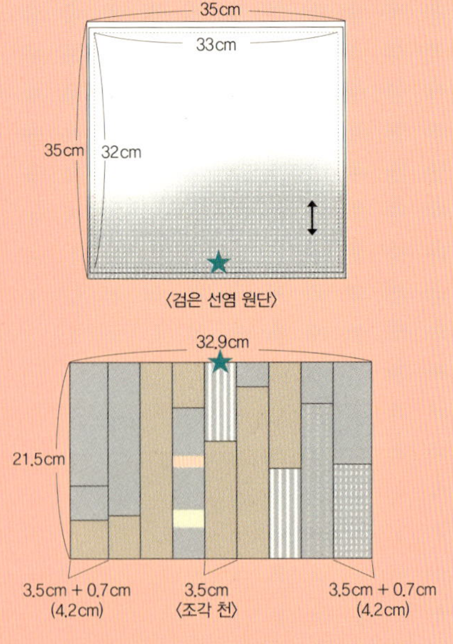

★ 표시 부분을 서로 맞춰주세요.

01 재단하기를 참고하여 2가지 원단을 재단하고 조각 천을 패치워크합니다.

02 1번의 2가지 원단을 재봉틀 직선박기로 연결한 후, 안감+퀼팅 솜+연결한 겉
감 순으로 놓고 시침한 후 시접 사이를 퀼팅합니다.

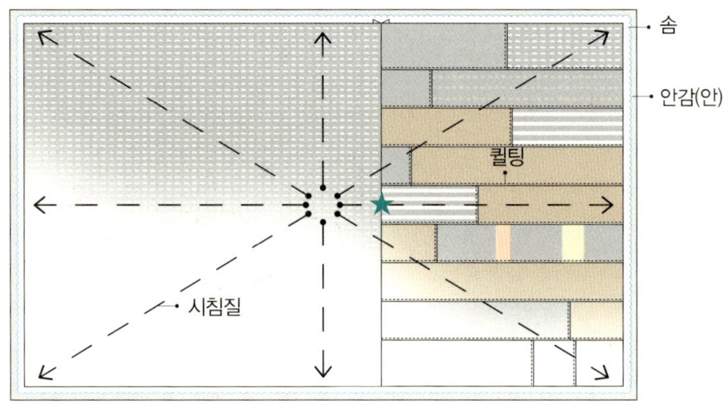

03 가방의 입구를 바이어스 테이프로 바인딩합니다.

04 두 천을 연결한 부분에 5×15cm 가죽을 덧대어 각각 양쪽을 홈질로 바느질합니다.

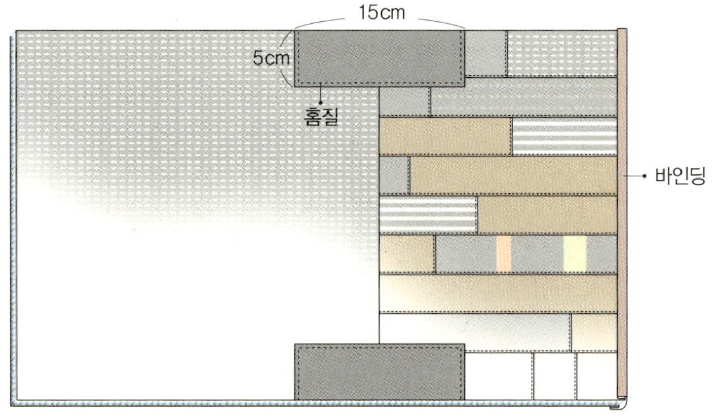

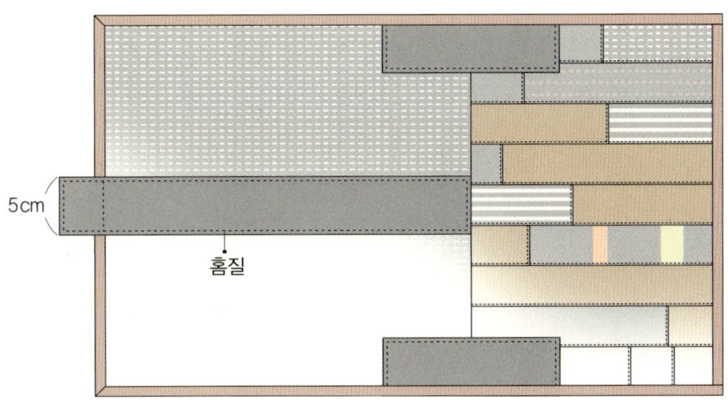

07 접어서 바인딩한 끝을 공그르기 합니다. 가방의 형태를 만듭니다.

08 왼쪽 윗부분에 가죽고리를 답니다.

09 가방 입구 안쪽에 자석단추를 답니다.

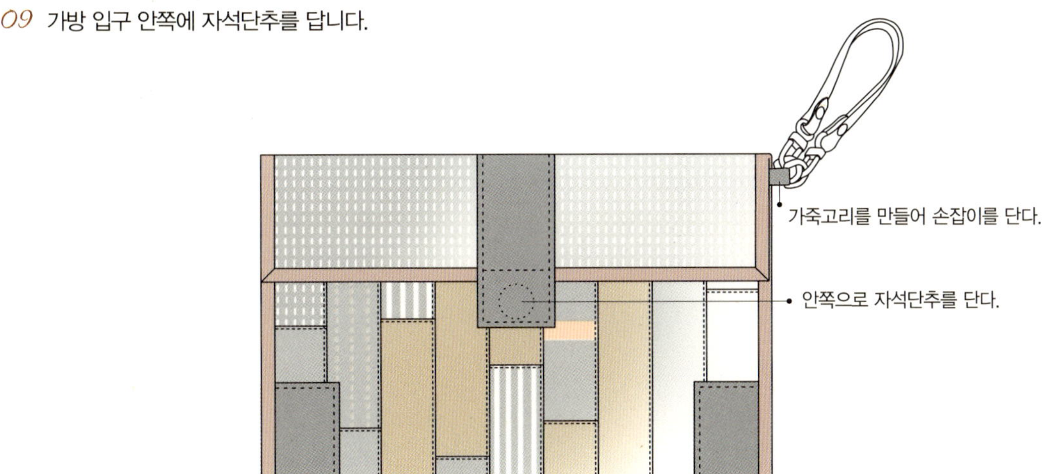

20
선글라스
케이스

· 준비하기 ·

겉감: 30 × 30 cm
안감: 30 × 60 cm
자석단추
플라스틱 심지용 판: 25 × 15 cm

· 재단하기 ·

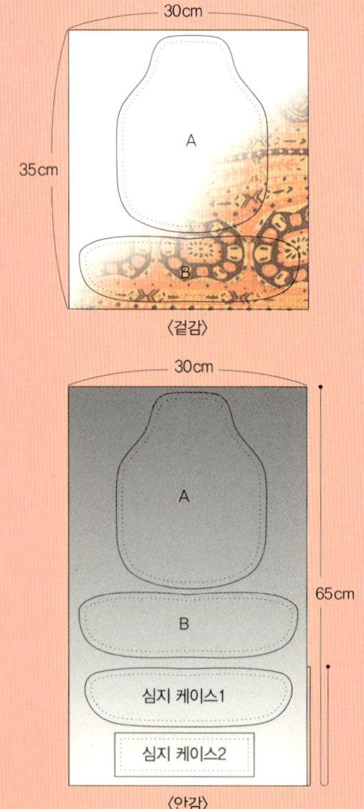

01 준비된 천에 실물본을 사용해서 패턴을 그립니다.

02 시접 0.7cm를 남기고 재단합니다.

03 겉감 A와 겉감 B를 솜+안감+겉감 순서대로 놓고 홈질로 바느질한 후 창구멍으로 뒤집습니다. 솜을 바짝 자른 후 뒤집어야 합니다.

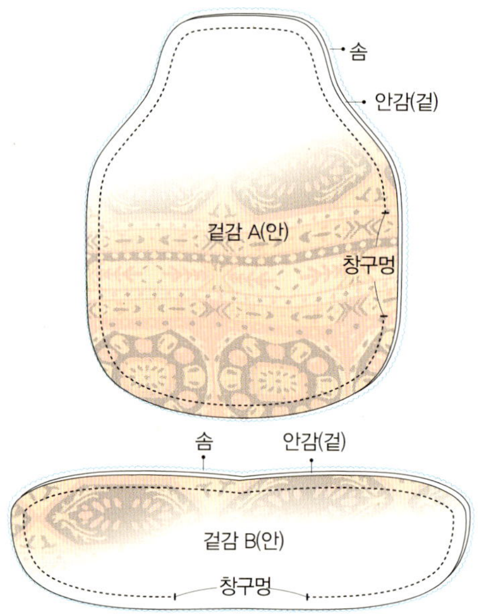

04 겉감 A와 겉감 B를 자유롭게 홈질로 퀼팅합니다.

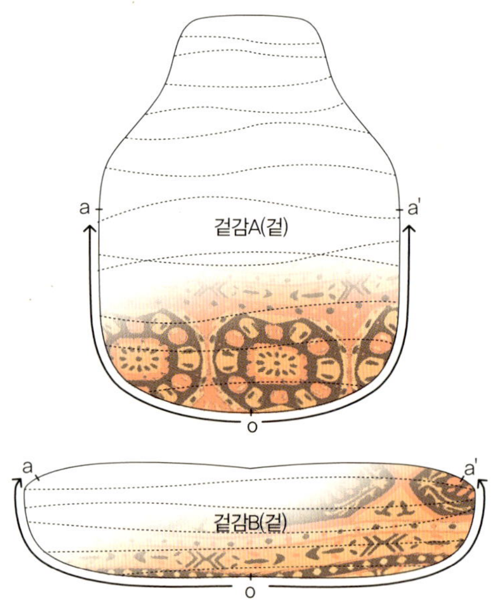

05 겉감 A의 중심선과 겉 B의 중심선을 맞추고 a∼o∼a'까지 이중 감침질로 연결합니다.

06 안쪽 심지 케이스를 시접 0.7cm를 남기고 재단합니다.

07 실물본대로 그린 플라스틱 심지를 자릅니다. 시접은 없습니다.

08 바느질한 안쪽 심지 케이스를 창구멍으로 뒤집습니다. 이때 창구멍은 길게 둡니다.

09 플라스틱 심지를 넣고 공그르기로 마무리합니다.

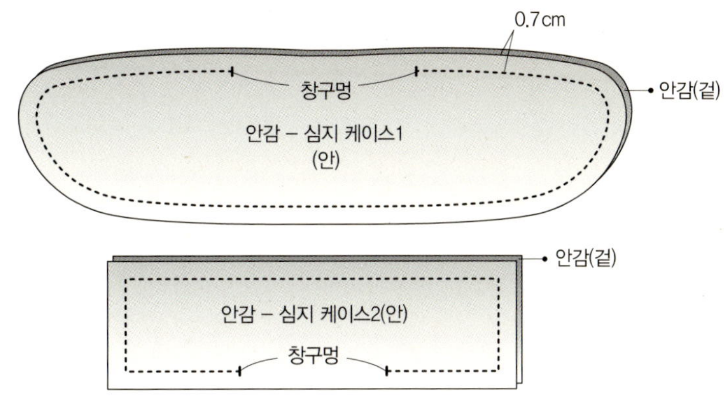

10 정리된 심지케이스를 선글라스 케이스 안에 끼워 놓고 고정합니다.
   자석단추를 바느질하여 답니다.

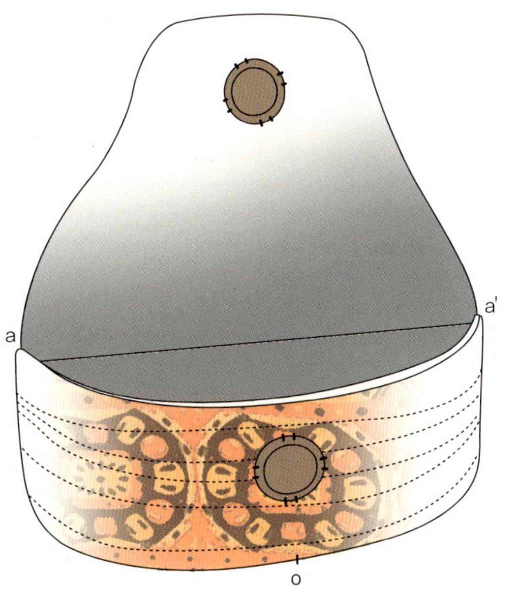

21

블랙 사각 왕골 가방

· 준비하기 ·

완성 사이즈: 33 × 28cm
왕골: 110 × 45cm
안감: 110 × 90cm
안감 주머니: 25 × 20cm
바이어스 테이프: 5 × 500cm
손잡이

· 재단하기 ·

왕골 33 × 28cm 앞, 뒤 2장 재단
28 × 15cm 옆면 2장 재단
33 × 15cm 바닥 1장 재단

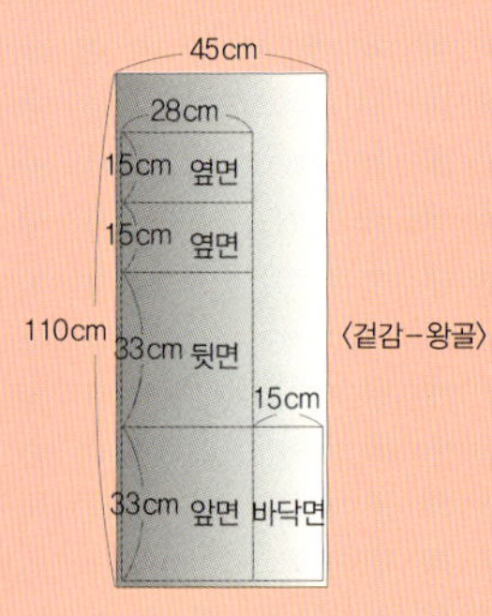

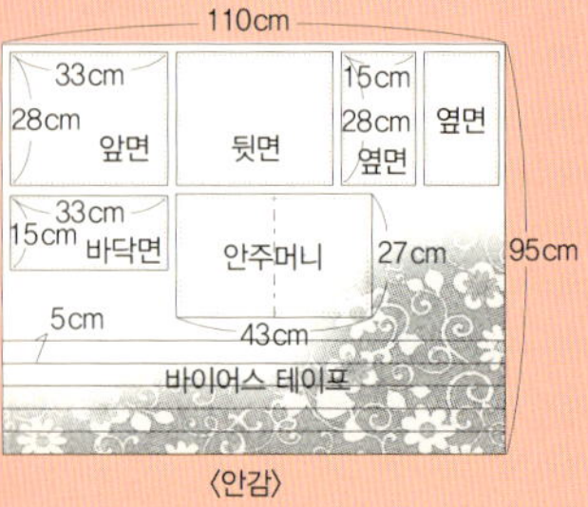

01 겉면에 원하는 천을 스티치하여 꾸밉니다.

02 겉감+솜+안감을 놓고 움직이지 않게 고정합니다.

03 솜과 안감은 조금 여유 있게 재단합니다.

04 바이어스 테이프를 5×500cm로 만들어서 a~b까지 재봉틀 직선박기나 홈질로
바느질하고 솜과 안감을 자릅니다.

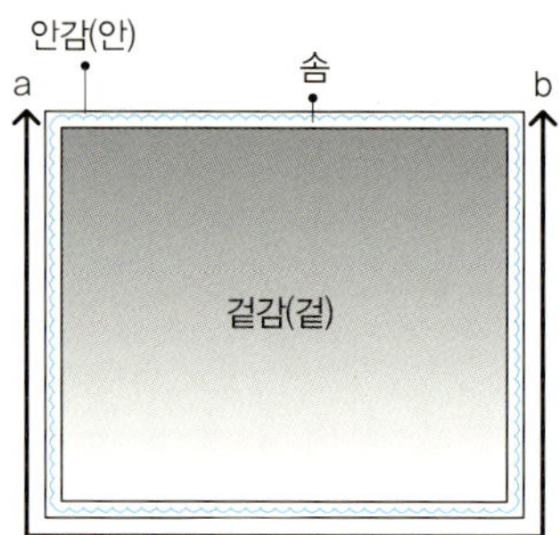

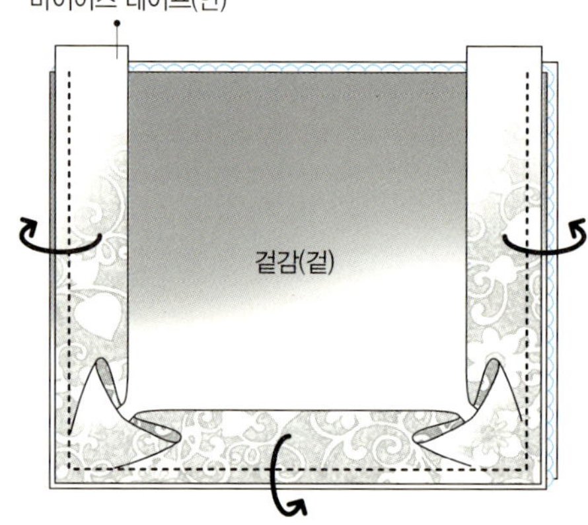

05 앞 판과 뒤판, 옆면 2장을 윗부분은 남기고 바이어스 테이프로 바인딩하여 마무
리합니다.

06 안감 주머니 천(33×28cm)을 반으로 접어서 창구멍을 내고 바느질한 다음 뒤집
어 바느질합니다.

07 다림질한 주머니 윗부분은 0.7cm 아래에서 홈질합니다. 완성된 안감 주머니를
가방의 한쪽에 공그르기로 답니다.

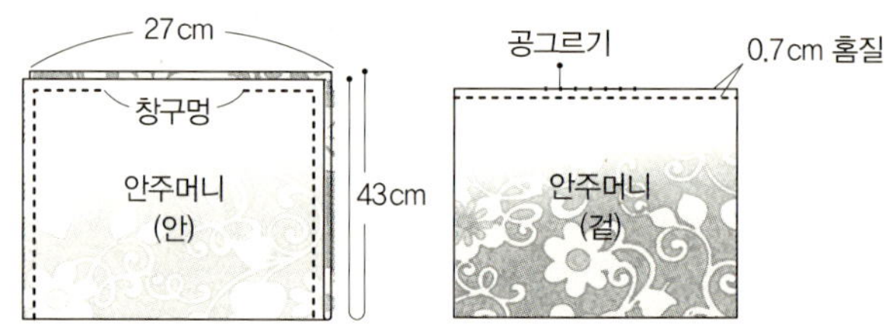

08 바닥은 네 면을 모두 바이어스 테이프로 바인딩합니다.

09 완성된 바인딩된 부분끼리 겉면에서 감침질로 연결합니다.

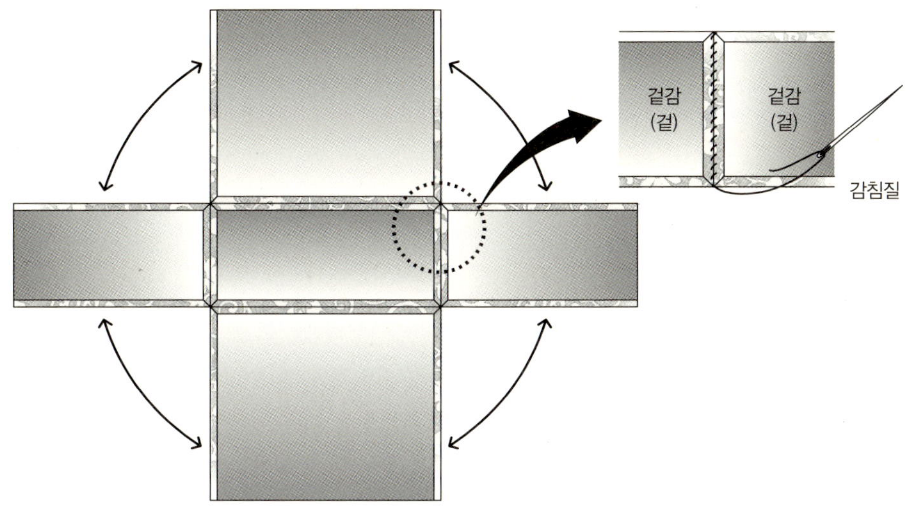

10 사각으로 가방이 완성되면 가방 입구를 바이어스 테이프로 바인딩하여 마무리합니다.

11 가방 끈은 그림처럼 서로 13cm 거리가 되도록 답니다.

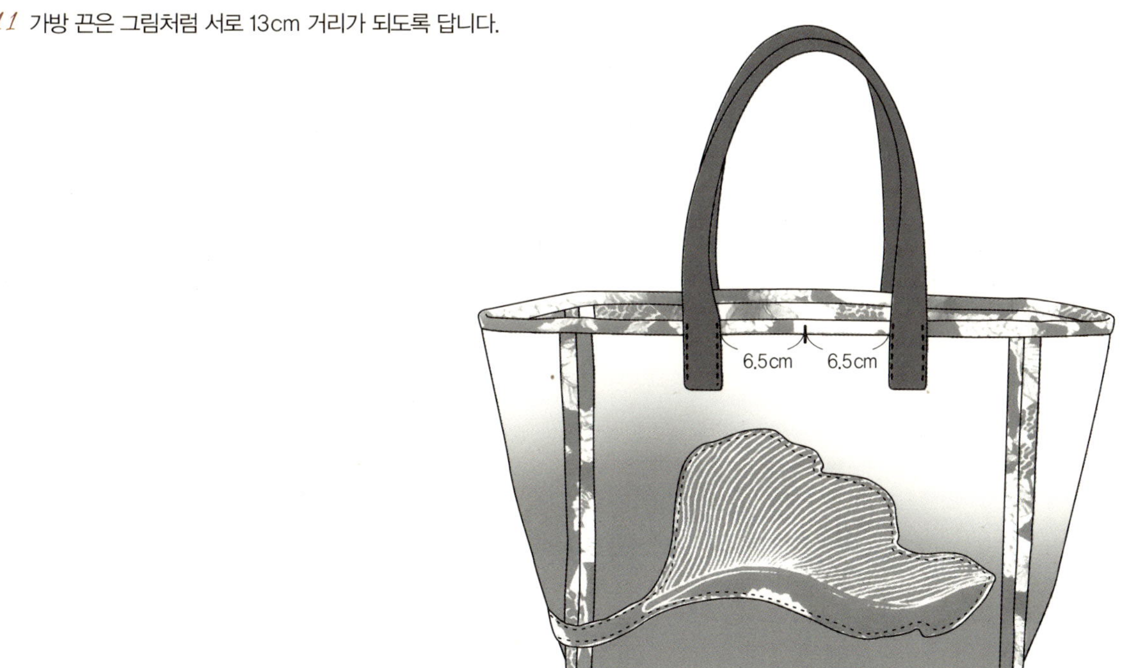

× 이 책의 실물본 사용 방법 ×

실물본 사용 방법

1. 이 책의 부록은 시접이 표시되어 있지 않습니다. 각각의 작품 재단하기 그림을 참고하여 완성선에서부터 막대자로 시접의 길이를 재어 막대자를 평행하게 움직이며 몇 곳에 표시합니다. 모눈자로 단숨에 그려도 됩니다.

2. 표시한 점을 직선으로 연결합니다. 진동둘레, 목둘레에도 시접을 넣으므로 약간 길게 그립니다.

＊ 주의사항: '골선'에는 시접이 없습니다. 실물본에 '골선' 표시가 있는 경우 시접은 표시하지 않습니다. 잘못하면 치수가 맞지 않기 때문입니다.

실물본 배치 방법

원단의 폭은 110cm가 일반적이며 니트 원단은 150cm나 180cm도 있습니다.
이 책에서는 기본적인 배치 방법을 설명합니다.

기본 배치 110cm 폭

앞뒤 몸판은 골선에 맞춰 배치합니다. 소매는 좌우 2장이 필요하므로 실물본을 겹쳐서 2장을 함께 재단합니다.

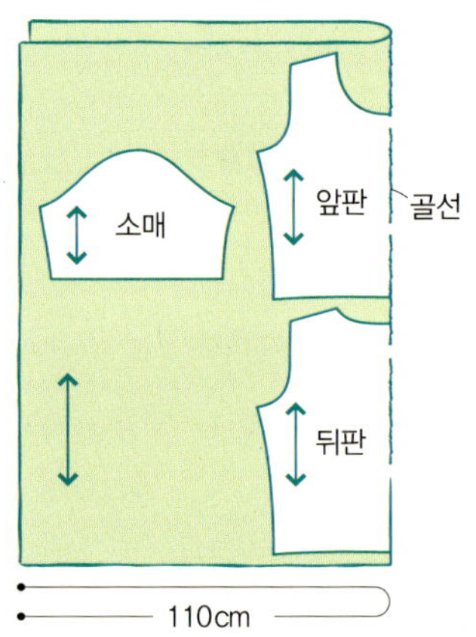

기본 배치 150cm 폭

원단의 좌우를 접어 골선을 만들어 각각의 몸판을 배치합니다. 소매는 1장 재단하면 반드시 실물본을 뒤집어 또한 장을 재단합니다.

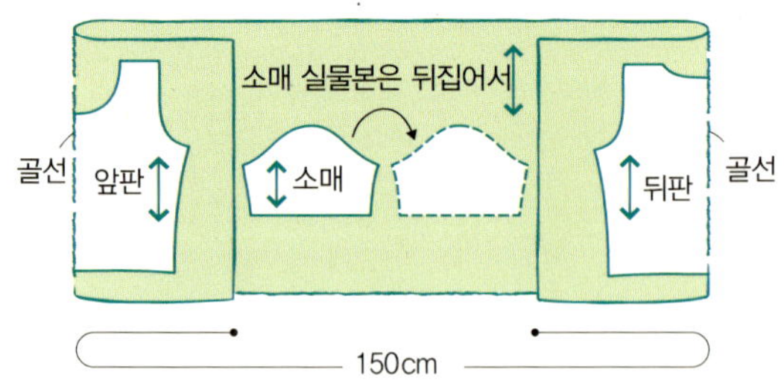

미싱의 역사를 바꾼다!

쥬끼만의 기술력으로 더욱 편리한 명품중의 **명품 미싱**

공업용 미싱과 같은 기술력을 자랑하는 K65

공업용 미싱으로 세계 제일 JUKI, 그 공업용 기술로 탄생한 가정용 미싱입니다.
2001년 '퀵뷰 원터치' E시리즈에 이어서 K시리즈 탄생!!

HZL-K65

Mind and Technology
Sewing machine

미싱의 진화 EXCEED

완벽한 스티치와 파워로 퀼트와 하이패션을 선도합니다.

공업용 미싱의 고도의 기술력으로 EXCEED 탄생

공업용 미싱으로 세계의 JUKI, 그 공업용 기술로 가정용을 뛰어넘어 EXCEED가 퀼트를 아름답게 만들어 갑니다.
고도의 기술력으로 사용자의 마음까지 생각한 명품 미싱입니다.

HZL-F600

Mind and Technology
Sewing machine

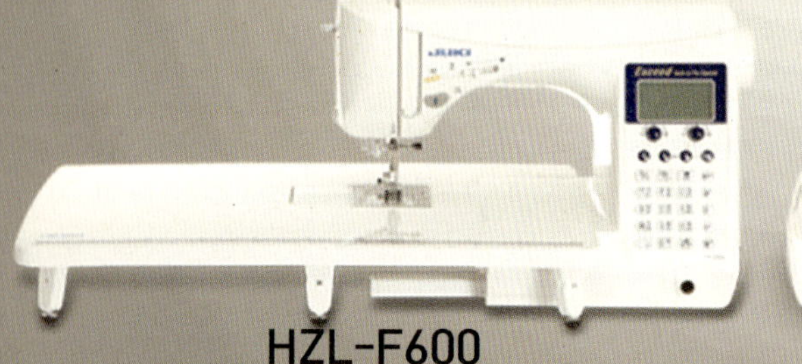

HZL-F600

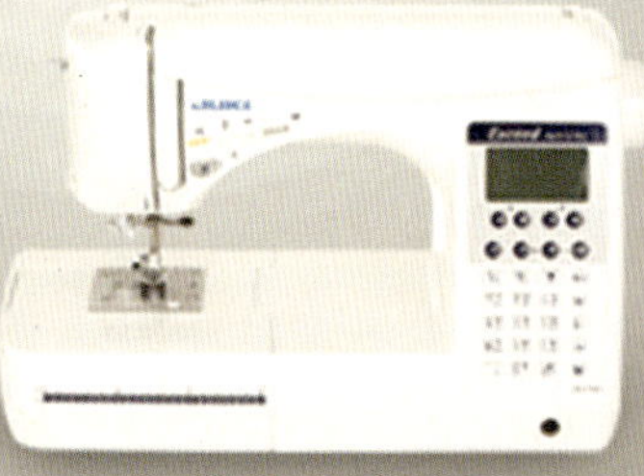

HZL-F400

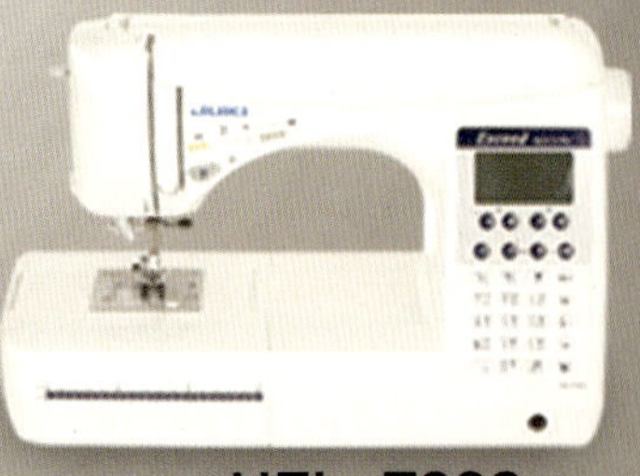

HZL-F300